Dieter Krusche / Marktverhalten und Wettbewerb

Beiträge zur Verhaltensforschung

Herausgegeben von Prof. Dr. G. Schmölders, Köln

Heft 3

Marktverhalten und Wettbewerb

Eine Untersuchung
zum Gesetz gegen Wettbewerbsbeschränkungen

Von

Dr. Dieter Krusche

DUNCKER & HUMBLOT / BERLIN

Alle Rechte vorbehalten
© 1961 Duncker & Humblot, Berlin
Gedruckt 1961 bei Hans Winter Buchdruckerei, Berlin SW 61
Printed in Germany

Inhaltsverzeichnis

Einleitung 9

Kapitel I

Die gemeinsame Marktbeherrschung mehrerer Unternehmen als Gegenstand des § 22 Abs. 2 GWB

1. *Die Zahl der Marktteilnehmer* 12

2. *Der Marktbegriff* 15
   Die herkömmlichen Bezeichnungen der Wirtschaftsbereiche S. 17 — Die Kreuzpreiselastizität S. 17 — Die Substitutionskette und ihre Lücken S. 18 — Die Funktion des Produktes S. 19 — Der „relevante Markt" S. 20 — Die räumliche Marktabgrenzung S. 22 — Die zeitliche Marktabgrenzung S. 23 — Die Verhaltensweisen der Unternehmen S. 23 — Die Nachfrageseite S. 25

3. *Der Wettbewerbsbegriff* 26
   Wettbewerb im Innenverhältnis S. 27 — Definitionen des Wettbewerbs S. 28 — Formen des Wettbewerbs S. 29

Kapitel II

Das Entstehen von Gruppenbewußtsein zwischen Unternehmen

1. *Wettbewerbsverhalten und Gruppensolidarität* 32

2. *Bedingungen gruppenkonformen Verhaltens von Unternehmen* 35
   a) Gemeinsame Merkmale als Erfordernis der Gruppenzugehörigkeit . 35
   b) Zielkonformität der individuellen Wirtschaftspläne 39
   c) Kontinuität des Gruppenbewußtseins 42
   d) Kommunikation innerhalb der Gruppe 45
   e) Die Abgeschlossenheit der Gruppe gegenüber neuen Wettbewerbern 48

Kapitel III

Ausdrucksformen des Gruppenbewußtseins

1. *Die Verringerung sozialer Binnendistanzen und die Vergrößerung der Außendistanzen* 53

2. *Das Verhalten der Gruppenangehörigen gegenüber einem Außenseiter* 55

Kapitel IV

Gruppenzusammenhalt und Marktgegenseite

1. *Markttransparenz der Käufer als Förderer des Wettbewerbs* 58
2. *Wirtschaftliche Macht der Käufer als Gegenkraft* 59

Kapitel V

Das Unternehmerverhalten unter dem Einfluß von Gruppennormen

1. *Normierung des Gruppenverhaltens* 61
2. *Gruppenbewußtes Verhalten unter der Führung eines Unternehmens* 64

   Marktführerschaft als Form der „collusion" S. 65 — Dominierende und barometrische Führerschaft S. 67 — Demokratische und autoritäre Führerschaft S. 71 — Die Unfreiheit des Führers S. 72

3. *Die Preispolitik als Gegenstand von Gruppennormen* 73

   Der Endpreiswettbewerb S. 74 — Die Rabattkonkurrenz S. 75 — Die vertikale Preisbindung S. 78 — Das Basing-point-System S. 79 — Preisuniformität S. 80 — Disziplinierte Preissenkungen S. 81

4. *Produktionsbeschränkung als Norm* 82
5. *Gruppennormen im Rahmen des Nicht-Preis-Wettbewerbs* 84

   Beseitigung von Qualitätsunterschieden S. 85 — Kontrolle der Absatzwege S. 86 — Nicht-Preis-Wettbewerb als „Ventil" S. 86 — Wettbewerbsregeln S. 88

Schluß 89

   Ergebnisse für die Sozialpsychologie S. 89 — Ergebnisse für die Oligopoltheorie S. 90 — Ergebnisse für das Wettbewerbsrecht S. 90 — Ergebnisse für die Wirtschaftspolitik S. 93

Literaturverzeichnis 95

Abkürzungsverzeichnis

AER	=	American Economic Review
BGBl.	=	Bundesgesetzblatt
EPA	=	European Productivity Agency
FAZ	=	Frankfurter Allgemeine Zeitung
GWB	=	Gesetz gegen Wettbewerbsbeschränkungen
JfNSt.	=	Jahrbücher für Nationalökonomie und Statistik
JPE	=	Journal of Political Economy
MA	=	Der Markenartikel
OEEC	=	Organization of European Economic Cooperation
OPS	=	open price system
QJE	=	The Quaterly Journal of Economics
Weltw. Archiv	=	Weltwirtschaftliches Archiv
WRP	=	Wettbewerb in Recht und Praxis
WuW	=	Wirtschaft und Wettbewerb
ZfgSt.	=	Zeitschrift für die gesamte Staatswissenschaft
ZfN	=	Zeitschrift für Nationalökonomie

Einleitung

Wettbewerb und Marktverhalten sind untrennbar miteinander verbundene Begriffe. Der Wettbewerb beeinflußt das Unternehmerverhalten, die Verhaltensweisen der Unternehmer wiederum entscheiden über die Intensität des Wettbewerbs, der zwischen ihnen herrscht. Diese Wechselbeziehungen sind Gegenstand der vorliegenden Arbeit, in der die Verhaltensweisen reaktionsverbundener Unternehmen bzw. ihrer Führung in ihren Auswirkungen auf die Stärke des Wettbewerbs innerhalb dieser Gruppe untersucht werden sollen.

Uns interessiert nicht die Marktbeherrschung eines einzelnen Unternehmens oder die Marktstellung einer Gruppe von Unternehmen, zwischen denen der Wettbewerb infolge vertraglicher Vereinbarungen ausgeschaltet ist. Wir wollen uns lediglich mit Verhaltensweisen von Unternehmen beschäftigen, die geeignet sind, ohne Vereinbarungen, die vom Kartellverbot des § 1 des Gesetzes gegen Wettbewerbsbeschränkungen (GWB)[1] erfaßt werden, den Wettbewerb zu beschränken und den Unternehmen in ihrer Gesamtheit eine Marktposition zu verschaffen, die der eines Kartells oder eines einzelnen marktbeherrschenden Unternehmens gleichkommt.

Wir behandeln somit die Problematik des § 22 Abs. 2 GWB, der eine Definition der gemeinsamen Marktbeherrschung von zwei und mehr Unternehmen gibt. Dabei muß die Möglichkeit eines Mißbrauchs der gemeinsamen Marktstellung auf einer Beschränkung des Wettbewerbs aus tatsächlichen, nicht aus rechtlichen Gründen beruhen. Der Regierungsentwurf des GWB enthielt ursprünglich nur ein Kartellverbot, von einigen erlaubten Fällen abgesehen, und die Vorschrift einer Mißbrauchsaufsicht über einzelne marktbeherrschende Unternehmen. Erst der Bundesrat schlug die Einbeziehung einer Mißbrauchsaufsicht über sog. marktbeherrschende Oligopole vor und entfachte damit eine Diskussion, aus der verschiedene Formulierungsvorschläge für eine solche Vorschrift hervorgingen, die aber darüber hinaus auch mit der Verkündung des Gesetzes nicht zu einem endgültigen Abschluß gekommen ist[2].

---

[1] Gesetz gegen Wettbewerbsbeschränkungen v. 27. 7. 1957, BGBl. I S. 1081.

[2] Vgl. dazu Bartholomeyczik, H.: Marktbeherrschende Unternehmen, in: Müller-Henneberg, H./Schwartz, G.: Kommentar zum GWB, S. 515 ff.
Axster, H.: Das Oligopol im GWB, Der Betrieb 1957, S. 937 ff.
Die Formulierungsvorschläge lauteten im einzelnen:
Bundesrat: „Als marktbeherrschend gelten auch zwei oder mehrere Unternehmen, zwischen denen aus tatsächlichen Gründen ein wesentlicher Wett-

Wir können bei unseren Untersuchungen von der jetzigen Fassung des § 22 Abs. 2 GWB ausgehen, da eine Kritik dieser Vorschrift und die Durchleuchtung der Marktverhältnisse, die mit ihr erfaßt werden sollen, gleichzeitig eine Kritik der übrigen Vorschläge beinhaltet. § 22 GWB hat nunmehr folgenden Wortlaut:

„(1) Soweit ein Unternehmen für eine bestimmte Art von Waren oder gewerblichen Leistungen ohne Wettbewerber ist oder keinem wesentlichen Wettbewerb ausgesetzt ist, ist es marktbeherrschend im Sinne dieses Gesetzes.

(2) Als marktbeherrschend gelten auch zwei oder mehr Unternehmen, soweit zwischen ihnen für eine bestimmte Art von Waren oder gewerblichen Leistungen allgemein oder auf bestimmten Märkten aus tatsächlichen Gründen ein wesentlicher Wettbewerb nicht besteht und soweit sie in ihrer Gesamtheit die Voraussetzungen des Absatzes 1 erfüllen.

(3) Die Kartellbehörde hat gegenüber marktbeherrschenden Unternehmen die in Absatz 4 genannten Befugnisse, soweit diese Unternehmen
   1. bei Abschluß von Verträgen über diese Waren oder gewerblichen Leistungen ihre Marktstellung beim Fordern oder Anbieten von Preisen oder bei der Gestaltung von Geschäftsbedingungen mißbräuchlich ausnutzen oder
   2. durch mißbräuchliche Ausnutzung ihrer Marktstellung den Abschluß von Verträgen über diese Waren oder gewerblichen Leistungen davon abhängig machen, daß der Vertragsgegner sachlich oder handelsüblich nicht zugehörige Waren oder Leistungen abnimmt.
Bei der Beurteilung, ob die Marktstellung mißbräuchlich ausgenutzt ist, sind alle Umstände zu berücksichtigen.

(4) Die Kartellbehörde kann unter den Voraussetzungen des Absatzes 3 marktbeherrschenden Unternehmen ein mißbräuchliches Verhalten untersagen und Verträge für unwirksam erklären; § 19 gilt entsprechend. Zuvor soll die Kartellbehörde die Beteiligten auffordern, den beanstandeten Mißbrauch abzustellen.

(5) Soweit die Voraussetzungen des Absatzes 1 bei einem Konzern im Sinne des § 15 des Aktiengesetzes vorliegen, stehen der Kartellbehörde die Befugnisse nach Absatz 4 gegenüber jedem Konzernunternehmen zu."

Zu diesem Paragraphen sagt Rasch: „Die Probleme der ‚marktbeherrschenden Unternehmen' stellen für den deutschen Juristen fast in vollem Umfang Neuland dar. Sie können mit den überkommenen juristischen Methoden allein nicht gemeistert werden, sondern setzen ein erhebliches Maß nationalökonomischen Urteilsvermögens voraus[3]."

---

bewerb nicht besteht und die in ihrer Gesamtheit die Voraussetzung des Abs. 1 erfüllen."

Arbeitskreis Kartellgesetz — Bundesregierung: „Als marktbeherrschend im Sinne des Abs. 1 gelten auch zwei oder mehrere Unternehmen, die zusammenwirkend in gleichförmigem Verhalten den Markt wesentlich beeinflussen."

Wirtschaftspolitischer Ausschuß: „Als marktbeherrschend gelten auch zwei oder mehrere Unternehmen,
a) zwischen denen aus tatsächlichen Gründen ein wesentlicher Wettbewerb nicht besteht oder
b) die in gleichförmigem Verhalten den Markt wesentlich beeinflussen."

[3] Rasch, H.: Der Begriff des Oligopols im Kartellgesetzentwurf, WuW 1956, S. 6

digung der bisherigen Beiträge zu § 22 Abs. 2 GWB mit den unternehmerischen Verhaltensweisen befassen, um von daher einer fruchtbaren Anwendung des Gesetzes den Weg zu bereiten.

Appelle, die immer wieder an die Wirtschaftswissenschaften zur Unterstützung der Rechtsprechung gerichtet wurden, riefen eine Reihe von Schriften hervor, die sich mit dem Problem der marktbeherrschenden Unternehmen beschäftigten. Dennoch konnte Rasch drei Jahre nach dem zitierten Ausspruch zu einer umfangreichen Kommentierung der § 22 ff. nur feststellen, daß die aufgewendete Mühe „in keinem rechten Verhältnis zu der praktischen Bedeutung dieser Bestimmungen stünde"[4].

Die aus tatsächlichen Gründen entstehende wirtschaftliche Machtstellung mehrerer Unternehmungen in ihrer Gesamtheit, gegen die kein Kartellverbot zum Zuge kommen kann, besitzt jedoch im Wirtschaftsleben große Bedeutung. So liegt die Vermutung nahe, daß die Gründe für das zitierte Mißverhältnis von aufgewendeter Mühe und praktischer Bedeutung des § 22 auf einer anderen Ebene liegen. Wir glauben, daß man den Problemen auch mit den herkömmlichen wirtschaftswissenschaftlichen Methoden nicht näherkommen kann. Auch die Versuche der neueren Theorie, Monopolmaße zu entwickeln, konnten hier keinen grundsätzlichen Wandel schaffen[5]. Selbst theoretisch umstritten, ist ihre wirtschaftsrechtliche Anwendung aus mehreren Gründen noch problematischer. So muß der Versuch, mit der Nachfragekurve eines Unternehmens im Verhältnis zu der der Konkurrenzunternehmen — der gesamten Industrie — zu arbeiten, an der Schwierigkeit ihrer Feststellung scheitern. Weiterhin greifen die Monopolmaße z. T. an dem Mißbrauchstatbestand selbst an, z. B. an überhöhten Preisen, während nach dem Wettbewerbsrecht zuvor die Voraussetzungen der Mißbrauchsaufsicht geprüft werden müssen. Diese Lösungsversuche können wir demnach im folgenden unbeachtet lassen. Dagegen werden wir uns eingehend mit den Schwierigkeiten der Abgrenzung eines Marktes und einer Industrie, die bei einigen Monopolmaßen Voraussetzung ist, zu beschäftigen haben.

Darüber hinaus halten wir es für notwendig, eine weitere wissenschaftliche Disziplin, nämlich die Sozialpsychologie, zu Hilfe zu nehmen. Eine gruppendynamische Betrachtung der „marktbeherrschenden Oligopole" könnte unter Umständen ein Ansatzpunkt zu den Ergebnissen sein, die die Rechtsprechung so schmerzlich vermißt. Wir haben bereits angedeutet, wie eng die Verknüpfung zwischen Wettbewerb und Unternehmerverhalten ist, und werden uns daher nach einer kritischen Wür-

---

[4] Rasch, H.: Besprechung von Müller-Henneberg/Schwartz, Kommentar zum GWB, WuW 1959, S. 56.
[5] Borchardt, K.: „Wesentlicher Wettbewerb" im Kartellgesetz, MA 1958, S. 81 ff., insb. S. 85.

Kapitel I

Die gemeinsame Marktbeherrschung mehrerer Unternehmen als Gegenstand des § 22 Abs. 2 GWB

1. Die Zahl der Marktteilnehmer

Die Initiative des Bundesrates, deren Erfolg der Abs. 2 des § 22 GWB darstellt, verfolgte das Ziel, ebenfalls die Marktbeherrschung von Duopolen oder Oligopolen im Gesetz zu erfassen[1]. Gelegentlich wurde diese Vorschrift sogar als Definition des Oligopols schlechthin angesprochen. Heute dagegen bezieht man sie allgemein nur noch auf eine „besondere Art des Oligopols, bei der innerhalb der nach außen klar abgegrenzten Gruppe aus tatsächlichen (nicht aus rechtlichen) Gründen kein ‚wesentlicher Wettbewerb' feststellbar ist"[2]. Diese Sonderform des Oligopols wird mit der Bezeichnung „marktbeherrschendes Oligopol" belegt[3].

Die Tatsache, daß die Idee des Gesetzgebers in dem Oligopolbegriff der ökonomischen Theorie wurzelt, zwingt uns dazu, eine Gegenüberstellung der Marktsituationen vorzunehmen, die mit den Definitionen der Wirtschaftstheorie und des Wirtschaftsrechts erfaßt werden sollen.

Der Ausdruck Oligopol wurde wahrscheinlich zum ersten Male von Karl Schlesinger in seinem Buch „Theorie der Geld- und Kreditwirtschaft", München-Leipzig 1914, verwendet[4], obwohl die Probleme der so bezeichneten Marktverhältnisse bereits weit früher erkannt und auch zum Gegenstand theoretischer Analysen gemacht wurden. Die Schöpfung des Begriffes Oligopol war jedoch nicht das Ergebnis einer eindeutigen Definition oder gar einer Erforschung der betreffenden Marktsituationen, sondern eher ein Anfang. Welche Schwierigkeiten und Möglichkeiten der theoretischen und empirischen Forschung sich dahinter

---

[1] Axster, H.: Das Oligopol im GWB, a. a. O., S. 937.
[2] Borchardt, K.: „Wesentlicher Wettbewerb" im Kartellgesetz, a. a. O., S. 81.
[3] Vgl. Bartholomeyczik, H.: Marktbeherrschende Unternehmen, a. a. O., S. 515.
Müller-Beilschmidt, K.: „Wesentlicher Wettbewerb" im Kartellgesetz, MA 1958, S. 15.
Ohm, H.: Oligopolistische Preisführerschaft und Kartellgesetz, WuW 1955, S. 20.
[4] Vgl. Machlup, F.: The Characteristics and Classifications of Oligopoly, Kyklos, Vol. 5 (1951/52), S. 146, Anm. 5.

verbargen, wurde vor allem in den beginnenden dreißiger Jahren mit den Werken von Edward H. Chamberlin, Joan Robinson, Heinrich von Stackelberg und Erich Schneider offenbar.

Die nächstliegende und zugleich vordergründigste Möglichkeit der Deutung des Oligopols hat die Marktformenlehre mit der Zahl der Teilnehmer gegeben. Nach ihr ließe sich als erste Voraussetzung einer oligopolistischen Angebotsstruktur formulieren, daß die Anzahl der konkurrierenden Unternehmen begrenzt sein muß[5]. In der angelsächsischen Literatur hat sich aus diesem Grunde der Ausdruck „competition among the few"[6] eingebürgert. Die Marktform des Oligopols läßt sich mit Hilfe der Anzahl der Unternehmen zwar eindeutig vom Monopol, nicht jedoch von den übrigen Marktformen der ökonomischen Theorie, z. B. vom Polypol, trennen. Wann kann man von einer Anzahl von Anbietern sagen, es seien wenige oder es seien viele? Machlup ist nicht der einzige, der die Aufgabe, eine Trennungslinie zwischen „few" und „many" zu ziehen, für hoffnungslos hält[7].

Ein zweites Kriterium bildet die relative Größe der Marktanteile. Auch mit diesem Kriterium ist eine eindeutige Abgrenzung des Begriffes Oligopol nicht möglich, selbst wenn man die „relativ großen Marktanteile" mit der „kleinen Anzahl von Anbietern" kombinierte.

Die Forderung jedoch, jedes Unternehmen müsse einen so großen Marktanteil besitzen, „daß Veränderungen der Angebotsmengen eines Unternehmens im Absatzbereich der Konkurrenzunternehmen spürbar werden"[8], weist einen weiteren Weg. Das entscheidende Merkmal oligopolistischer Konkurrenzbeziehungen ist die Interdependenz der unternehmerischen Marktmaßnahmen, die Reaktionsverbundenheit, der Zwang, die Aktionen der Wettbewerber und ihre Reaktionen auf eigene Handlungen in die Wirtschaftspläne einzubeziehen. Triffin[9] hat für diese

---

[5] Vgl. Gutenberg, E.: Grundlagen der Betriebswirtschaftslehre, Bd. 2, 2. Aufl., Berlin-Göttingen-Heidelberg 1956, S. 228.

[6] Als Beispiel mag das gleichnamige Buch von W. Fellner dienen (New York 1949).

[7] Vgl. Machlup, F.: The Characteristics and Classifications of Oligopoly, a. a. O., S. 147:
„It is a hopeless task to draw a line between situations of polypoly and oligopoly if the *number* of sellers is to be the criterion for the distinction. This is so despite the fact that the basic idea behind the words relates to numbers: *many* sellers and *few* sellers. But there is no borderline between many and few."

[8] Gutenberg, E.: Grundlagen der Betriebswirtschaftslehre, Bd. 2, a. a. O., S. 228.

[9] Vgl. Triffin, R.: Monopolistic Competition and General Equilibrium Theory, Cambridge 1949, S. 104, 115.
Triffin hat für diese zirkularen Konkurrenzbeziehungen einen Koeffizienten entwickelt, mit dessen Hilfe das Ausmaß einer Absatzmengenänderung (bezogen auf den gesamten Absatz) eines Unternehmens i infolge einer Preisänderung (bezogen auf den Gesamtpreis) der Wettbewerber j angegeben wer-

gegenseitige Abhängigkeit oligopolistischer Unternehmen den Ausdruck „circular interdependence" geprägt.

Der Zwang zu reaktiver Planung innerhalb eines Oligopols ist aber nichts anderes als ein Zeichen vorhandenen Wettbewerbs. Das Bewußtsein des ständig wirksamen Einflusses eines jeden Unternehmens auf die Konkurrenten ruft ein Gefühl der Unsicherheit bezüglich der möglichen Reaktionen der anderen hervor. Die Planungen der Oligopolisten enthalten damit den Teil Ungewißheit[10], der echten Wettbewerb kennzeichnet.

„Im echten Wettbewerb herrscht Ungewißheit über das mit jeder einzelnen Verhaltensweise erreichbare Ergebnis und damit zugleich über die optimale Kombination verschiedener Verhaltensweisen. Die Ungewißheit wirkt so entscheidend auf die Wahl der verschiedenen Strategien ein[11]."

Wenn man jedoch die Reaktionsverbundenheit der Unternehmen als wesentliches Kennzeichen oligopolistischer Angebotskonstellationen anerkennt, dann ist letztlich jede Marktsituation, in der echter Wettbewerb herrscht, oligopolistisch. Mit dieser Aussage schließen wir uns Haerry an, der zu folgendem Urteil kommt: „In den Oligopolen, und nur in diesen, ist demnach echter Wettbewerb möglich[12]."

Die Schärfe oligopolistischen Wettbewerbs bringt Rothschild zu der Überzeugung, daß die klassische Literatur der Oligopoltheoretiker solche über die Grundsätze der Kriegführung sein sollte[13]. Selbst wenn man nicht so weit gehen will, läßt sich nicht leugnen, daß eine derartige Abhängigkeit konkurrierender Unternehmen voneinander die Gefahr sich überstürzender Wettbewerbsmaßnahmen und damit eines Kampfes in sich trägt.

Die Verhaltensweisen, mit denen ein solcher Wettbewerbskampf — die ruinöse Konkurrenz — zu vermeiden ist, werden uns noch im einzelnen beschäftigen. Zunächst wollen wir uns jedoch mit diesem Aufriß über die Spannweite des Oligopolbegriffs begnügen. Das Verhaftetsein in engen Marktformenvorstellungen von einer beschränkten An-

---

den kann. Ein zweiter Koeffizient gibt die Preisänderung der Firmen j an, wenn i eine bestimmte Änderung seiner Absatzmenge vornimmt (beide Größen bezogen auf den Gesamtpreis bzw. die Gesamtmenge).

[10] Nach Machlup ist diese Ungewißheit immer dann vorhanden, „if not enough information is available to give a safe and unambiguous answer to a question before them." (Oligopolistic Indeterminacy, Weltw. Archiv, Bd. 68 (1952), S. 1).
Vgl. auch Bain, J. S.: Pricing, Distribution and Employment, New York 1948, S. 55: „The dominant motif in oligopoly is therefore uncertainty."

[11] Haerry, H.: Die Intensität des Wettbewerbs, Winterthur 1954, S. 100.

[12] Haerry, H.: ebenda, S. 25.

[13] Rothschild, K. W.: Price Theory and Oligopoly, Readings in Price Theory, S. 450.

zahl von Anbietern in einem Oligopol kann den Zugang zu den Problemen allenfalls verbauen, nicht jedoch zu ihrer Lösung beitragen. Die Formulierung des Bundesrates „zwei oder mehrere" Unternehmen[14], in der noch die Idee der kleinen Zahl spürbar war, wurde daher folgerichtig durch „zwei oder *mehr* Unternehmen" ersetzt. Die Aussagefähigkeit dieses Textes für eine Begrenzung der Unternehmenszahl nach oben ist damit gleich null[15].

Mit dieser Änderung ist zwar ein irreführendes Kriterium der Marktformenlehre im Gesetz vermieden, an seiner Stelle jedoch ein Vakuum gelassen worden. Das als falsch erkannte Merkmal oligopolistischer Marktsituationen müßte eigentlich durch den Begriff der Reaktionsverbundenheit ersetzt werden. Allerdings ist der Zwang wirtschaftlicher Unternehmen zu reaktiver Planung zwar für unsere Untersuchungen von besonderer Bedeutung, nicht jedoch für das Wirksamwerden einer Mißbrauchsaufsicht. Erst wenn der echte Wettbewerb, den man bei einer derartigen gegenseitigen Abhängigkeit von Unternehmen erwarten müßte, ohne die Zuhilfenahme von vertraglichen Vereinbarungen ausgeschaltet wird, gewinnen die Unternehmen für die Aufsichtsbehörde an Interesse. Diese Marktsituationen sollen von § 22 Abs. 2 GWB erfaßt werden. Ob die dafür gewählte Bezeichnung „marktbeherrschendes Oligopol" umfassend genug ist, steht jedoch in Frage. Eine Antwort darauf werden wir am Schluß unserer Betrachtungen zu geben versuchen.

2. Der Marktbegriff

Von Untersuchungen und Entscheidungen zur amerikanischen Anti-Trust-Gesetzgebung ausgehend, versuchen deutsche Wirtschaftsjuristen, dem Begriff Marktbeherrschung durch eine Aufspaltung in „Markt" und „Beherrschung" näherzukommen[16]. Der Grund für dieses Vorgehen liegt in dem Wunsche, eine sichere Ausgangsbasis durch eine *objektive* Bestimmung des Marktes zu gewinnen. Erst danach könne man sich dem *subjektiven* Bestandteil des Begriffes, nämlich der Beherrschung, zuwenden[17]. Gelänge eine objektive Marktabgrenzung in eindeutiger Weise, so bedeutete das einen beträchtlichen Schritt vorwärts bei der Anwendung des § 22 GWB. Mestmäcker vertritt sogar die Auffassung:

---

[14] Vgl. S. 9, Anm. 2.
[15] Vgl. Müller-Beilschmidt, H.: „Wesentlicher Wettbewerb" im Kartellgesetz, a. a. O., S. 15.
Bartholomeyczik, H.: Marktbeherrschende Unternehmen, a. a. O., S. 516.
[16] Vgl. dazu Mestmäcker, E.-J.: Das marktbeherrschende Unternehmen im Recht der Wettbewerbsbeschränkungen, Tübingen 1959, S. 11.
[17] Vgl. Borchardt, K. und W. Fikentscher: Wettbewerb, Wettbewerbsbeschränkung, Marktbeherrschung, Stuttgart 1957, S. 73: „Der Markt ist vom Richter objektiv zu bestimmen, seine Beherrschung dagegen subjektiv."

„Man entscheidet ... über den Markt *und* seine Beherrschung, wenn man den Markt selbst abgrenzt[18]."

Diese Aussage geht jedoch in mancher Hinsicht zu weit. Sie hat sicherlich Gültigkeit, wenn auf dem abgegrenzten Markt nur ein Unternehmen als Anbieter auftritt: im Falle des Monopols[19]. Man kann sie folglich auch dann gelten lassen, wenn die Marktbeherrschung eines einzelnen Unternehmens im wesentlichen auf seinen überragenden Marktanteil zurückgeführt wird und der Wettbewerb der Konkurrenten wegen ihrer geringfügigen Marktanteile unberücksichtigt bleiben kann: im Falle des Teilmonopols.

Die Abgrenzung eines Marktes, auf dem mehrere Unternehmen als Anbieter auftreten, läßt jedoch keine Aussagen darüber zu, ob diese Unternehmen gemeinsam den Markt beherrschen. In diesem Falle gibt das Vorhandensein oder das Fehlen wesentlichen Wettbewerbs zwischen ihnen den Ausschlag. Die Marktabgrenzung ermöglichte allerdings konkrete Aussagen über den Kreis der Unternehmen und — auf Grund der Produktionsanteile — über die Struktur des Marktes. Weiterhin erleichterte sie das Urteil darüber, ob die Gruppe von Unternehmen nach außen einem wesentlichen Wettbewerb ausgesetzt ist oder nicht.

Wir haben also zunächst die Aufgabe, die Methoden zu prüfen, die gegebenenfalls zu einer eindeutigen, objektiven Marktbestimmung führen.

Als Markt bezeichnet man „die Gesamtheit der ökonomischen Beziehungen (Tauschbeziehungen, Kauf- und Verkaufsrelationen) zwischen einer Gruppe von Anbietern und Nachfragern"[20]. Gegenstand solcher Beziehungen sind Güter oder Dienstleistungen, die von den Beteiligten in einem bestimmten geographischen Raum und in einer bestimmten Zeit gehandelt werden. Borchardt und Fikentscher fordern daher die Bestimmung der ökonomischen Gleichartigkeit der Güter sowie der räumlichen und zeitlichen Ausdehnung eines Marktes[21].

---

[18] Mestmäcker, E.-J.: ebenda, S. 11.

[19] Als Beispiel dazu könnte dienen: Markham, J. W.: An Alternative Approach to the Concept of Workable Competition, AER, Vol. 40, 2 (1950), S. 349: „For example, E. I. du Pont de Nemours and Co., Inc. is the sole producer of a particular synthetic yarn known as nylon; but du Pont accounts for only about 10 per cent of total synthetic yarn production and accounts for only an infinitesimally small percentage of total domestic yarn production of all kinds. Obviously, therefore, any measure of du Pont's monopoly power in the textile industry is dependent upon whether one has in mind the domestic nylon market, the synthetic yarn market, or simply the yarn market."

[20] Schneider, E.: Einführung in die Wirtschaftstheorie, Bd. 2, 2. verb. Aufl., Tübingen 1953, S. 68.

[21] Borchardt, K. und W. Fikentscher: Wettbewerb, Wettbewerbsbeschränkung, Marktbeherrschung, a. a. O., S. 53.

Wir werden vorerst diesem Schema folgen, uns darüber hinaus jedoch auch mit der meist vernachlässigten Betrachtung der Nachfragergruppe beschäftigen müssen.

Die herkömmlichen Bezeichnungen der Wirtschaftsbereiche

Einen Ausgangspunkt für die Marktabgrenzung nach der Art des Gutes könnten die traditionellen Bezeichnungen der Wirtschaftszweige bilden. Mit dieser Möglichkeit setzt sich Abbott eingehend auseinander[22]. Einen ähnlichen Versuch stellt die Absicht des Bundeskartellamtes dar, die sechsstelligen Warenarten des Statistischen Warenverzeichnisses als Grundlage einer Marktabgrenzung anzunehmen[23]. Diese Wege sind jedoch schon als Ansatzpunkte zu wirtschaftsrechtlichen Entscheidungen problematisch, da die Konkurrenz nicht auf herkömmliche Bezeichnungen der Statistiken Rücksicht zu nehmen pflegt. Es ist oft unmöglich, Unternehmen aufgrund der stofflichen Eigenschaften ihrer Produkte zu einer Gruppe zusammenzufassen, gleichgültig, ob man diese Industrie, Wirtschaftszweig, Produktionszweig, Wirtschaftsgruppe, Produktions- oder Wettbewerbsbereich nennt[24].

Die Kreuzpreiselastizität

Welche Hilfsmittel stehen dem Wirtschaftswissenschaftler zur Verfügung, um eine Aussage über die Zugehörigkeit eines Gutes zu einem bestimmten Markt zu ermöglichen? Entscheidend ist die Enge der Konkurrenzbeziehungen zwischen den in Frage stehenden Produkten. Eine Methode, die Interdependenz zweier Produkte zu messen, hat die ökonomische Theorie mit der Kreuzpreiselastizität entwickelt. Die Kreuzpreiselastizität mißt die relative Änderung der mengenmäßigen Nach-

---

[22] Abbott, L.: Qualität und Wettbewerb, München-Berlin 1958, S. 94 ff.
[23] Fack, F. U.: Die Monopolabwehr des Kartellamtes, FAZ, Nr. 29 v. 4. 2. 1959.
Vgl. in diesem Zusammenhang auch: v. Brunn, J. H.: Marktbeherrschung und Marktanteil im GWB, WuW 1958, S. 409 ff.
[24] Vgl. Abbott, L.: Qualität und Wettbewerb, a. a. O., S. 94:
„Es ist natürlich ohne jede Schwierigkeit möglich, Übereinstimmung über die Abgrenzung eines Produktionszweiges zu erzielen, der unter Bedingungen des reinen Wettbewerbs arbeitet, wenn alle konkurrierenden Güter vollkommene Substitute sind; aber wenn sie nur unvollkommene Substitute darstellen, scheint es keine Möglichkeit für eine exakte Grenzziehung zu geben."
Machlup, F.: Competition, Pliopoly and Profit, Economica, New Series, Vol. 9 (1942), S. 5: „Upon what grounds should one decide that a certain group of firms producing a certain set of products constitutes ‚an industry', distinct and disconnected from other groups? If it is understood that the products of different firms are generally not identical but different, what degree of similarity or dissimilarity or, more concisely, what degree of substitutability would justify us in speaking of the ‚same' industry or of ‚different' industries."

frage nach einem Produkt A, die durch eine relative Preisänderung eines Gutes B hervorgerufen worden ist[25]. Ebenso kann auch der Einfluß einer relativen Mengenänderung des Gutes B auf den Preis des Gutes A mit Hilfe dieses Instrumentes dargestellt werden.

Machlup führt dazu aus, daß bei Feststellung entsprechender Kreuzpreiselastizitäten der Nachfrage zwischen verschiedenen Produkten von einer „Industrie" im Sinne Marshalls gesprochen werden kann[26]. Durch diese Formulierung werden jedoch die Schwierigkeiten verdeckt, nicht behoben. In eindeutigen Fällen braucht man das Werkzeug der Kreuzpreiselastizität nicht, und in schwierigen enthebt es uns nicht der Entscheidung, ab welcher Größe des Koeffizienten eine gemeinsame Industrie besteht. Die Kreuzpreiselastizität entscheidet nicht, ob eine Substitutionsbeziehung eng ist, sondern ermittelt lediglich eine Zahl, von der der Wirtschaftswissenschaftler zu sagen hat, ob sie ein enges oder ein weites Substitutionsverhältnis repräsentiert. Abbott formuliert sein Urteil folgendermaßen: „... der Begriff der ‚engen' Substitutionsbeziehung ist leider ungreifbar; denn die heutige Wirtschaftstheorie kann eine Substitutionsbeziehung nur mit Hilfe der Kreuz-Preis-Elastizität definieren: ‚eng' ist deshalb ein stufenlos variabler Begriff, und jede Abgrenzung von ‚eng' und ‚entfernt' ist notwendig willkürlich[27]."

Abgesehen von diesen Überlegungen dürfte die Ermittlung der Elastizitätskoeffizienten selbst auf erhebliche Schwierigkeiten in der Praxis stoßen. Nicht nur die Vielzahl der zu berechnenden Daten dürfte sich als hinderlich erweisen; auch die Frage der Kausalität von Preisänderungen eines Produktes für Mengenänderungen eines anderen würde selbst dann nicht leicht zu klären sein, wenn die zur Ermittlung des Koeffizienten erforderlichen Zahlen überhaupt erhältlich wären[28].

Die Substitutionskette und ihre Lücken

Joan Robinson[29] schlägt einen weiteren Weg vor, der darin besteht, die vorhandenen Austauschgüter „unter gemeingeläufigen Gesichtspunk-

---

[25] Schneider, E.: Einführung in die Wirtschaftstheorie, Bd. 2, a. a. O., S. 27.

[26] Machlup, F.: Competition, Pliopoly and Profit, a. a. O., S. 6: „Using the terms cross-elasticity for both types of relationships (wie wir sie oben beschrieben haben, d. Verf.) we might advance the following statement as something approaching a definition of an industry. Firms related through cross-elasticities of the demands of their products ... may be said to constitute an ‚industry' if these cross-elasticities are either so important or so definite that they could not be neglected without impairing the considerations of the firms or the analysis of the economists."

[27] Abbott, L.: Qualität und Wettbewerb, a. a. O., S. 95.

[28] Vgl. dazu Mestmäcker, E.-J.: Das marktbeherrschende Unternehmen im Recht der Wettbewerbsbeschränkungen, a. a. O., S. 12 f.

[29] Robinson, Joan: What is Perfect Competition? Q. J. E., Bd. 49 (1935), S. 114.

ten"³⁰ in einer Substitutionskette zu erfassen, so daß sich nähere und entferntere Ersatzgüter erkennen lassen. Diese Methode muß sich die gleichen Bedenken entgegenhalten lassen, die bereits gegen das Instrument der Kreuzpreiselastizität erhoben wurden: Man kann die Trennungslinie zwischen ‚nah' und ‚entfernt' nicht ohne eine gewisse Willkür ziehen³¹.

Eine Ergänzung hierzu liefert Mrs. Robinson, indem sie darauf hinweist, daß die Substitutionsketten Lücken (gaps) ausweisen können³². Wenn zwischen mehreren Produkten, die als Substitutionsgüter anzusehen sind, eine deutliche Lücke in der Kette erkennbar ist, könnte sie als Trennungslinie zwischen verschiedenen Industrien dienen. Lehmann kommt aber auch hier zu dem Schluß: „So unangreifbar nun das Theorem auf dem Papier stehen mag — seinen materiellen Gehalt schlüssig zu spezifizieren, ist ein ungleich schwierigeres Unterfangen³³." Eine willkürliche Entscheidung wird auch in diesem Falle nicht vermieden.

Die Funktion des Produktes

Abbott entwickelt nach diesen für den Wirtschaftsjuristen enttäuschenden Ergebnissen eine weitere Methode: Er betritt sozusagen den Markt mit dem Käufer und orientiert sich an dessen Bedürfnissen, die „in einer bestimmten Konstellation von Grundbedürfnissen miteinander verbunden sind. Eine solche Konstellation steht in Beziehung zu einer geplanten Aktivität, die vielleicht ein einziges physisches Objekt verlangt (z. B. eine illustrierte Zeitung) oder den gleichzeitigen oder aufeinanderfolgenden Gebrauch verschiedener komplementärer Produkte verlangt oder erlaubt (z. B. Kamera, Filmmaterial, Dunkelkammerausrüstung und Projektor). In beiden Fällen besteht die Bedürfniskonstellation in der Vorstellung des Verbrauchers, wenn er in den Markt eintritt, aus Bedürfnissen nach Diensten, die ihm ein einziges Gut leisten kann"³⁴. Damit stellt Abbott einen neuen Begriff in den Mittelpunkt seiner Überlegungen: die Funktion bzw. den Zweck oder Nutzen eines Produktes. Dieser Weg dürfte für Wirtschaftswissenschaftler bei empirischen Marktuntersuchungen am ehesten gangbar sein. Abbott schränkt jedoch ein, daß er keine absolute Genauigkeit erlaubt. Allerdings kann

---

³⁰ Lehmann, G.: Marktformenlehre und Monopolpolitik, Berlin 1956, S. 79.
³¹ Vgl. Abbott, L.: Qualität und Wettbewerb, a. a. O., S. 95.
³² Robinson, Joan: The Economics of Imperfect Competition, London 1933, S. 5;
vgl. weiterhin: Robinson, E. A. G.: Monopoly, London-Cambridge 1952, S. 6: „Now substitutes do not always form a perfect graduation from the closest to the most distant. More often there is at some point a break in this chain of substitutes."
³³ Lehmann, G.: Marktformenlehre und Monopolpolitik, a. a. O., S. 81.
³⁴ Abbott, L.: Qualität und Wettbewerb, a. a. O., S. 96.

diese Methode erklären, „*warum* manche Produkte in bedeutendem Maße interdependent sind und manche nicht", und außerdem ist sie „weniger mühevoll als die Methode der Berechnung zahlloser Kreuz-Preiselastizitäten"[35].

Abbott formuliert als Ergebnis seiner Überlegungen: „Eine Gruppe von Produkten, die dieselbe Funktion haben, kann als zu einem Produktionszweig gehörig bezeichnet werden[36]."

Nun ist mit der Betrachtung eines Gutes unter dem Aspekt seiner Funktion und seines Nutzens für den Käufer sicherlich eine Forderung, die wir eingangs gestellt haben, nicht erfüllt: die objektive Abgrenzung des Marktes. Im vorliegenden Fall gibt die subjektive Einstellung der Nachfrage den Ausschlag. Eine Marktabgrenzung, die auf dieser Methode basiert, ist weder objektiv noch eindeutig.

Der „relevante Markt"

In der Praxis hat sich die Rechtsprechung angesichts dieser Unsicherheiten und Schwierigkeiten mit der Konzeption des „relevanten Markten" geholfen[37]. In der Bestimmung der Relevanz aber liegt wiederum die Willkür, die gerade vermieden werden sollte. Harbeson bezeichnet die Entscheidung über den relevanten Markt als eine Frage der Politik unter dem Gesichtspunkt, welcher Grad an Monopolmacht noch geduldet werden könne[38].

Wie nehmen sich wirtschaftsrechtliche Entscheidungen in einer solchen Situation aus? Interessant ist in diesem Zusammenhang die Entscheidung des Obersten Bundesgerichtes der USA gegen E. I. du Pont de Nemours & Co. vom 11. 6. 1956. In der Frage, ob Zellophan einen Markt für sich bildet oder zu dem Markt für flexibles Verpackungsmaterial gehört, kamen die sieben Richter zu keiner einhelligen Meinung[39]. Vier Richter waren der Ansicht, der Zellophanmarkt, an dem du Pont einen Anteil von fast 75 % hatte, sei von dem Markt der übrigen Verpackungsmaterialien (du Pont-Anteil: weniger als 20 %) zu trennen. Sie fanden zu folgender Formulierung: „Der jeweils in Betracht kommende

---

[35] Abbott, L.: ebenda, S. 96.

[36] Abbott, L.: ebenda, S. 97.

[37] Borchardt, K. und W. Fikentscher (Wettbewerb, Wettbewerbsbeschränkung, Marktbeherrschung, a. a. O., S. 61) definieren den Begriff folgendermaßen: „Der relevante Markt des Unternehmens umfaßt alle Kunden, mit denen das Unternehmen in Geschäftsbeziehungen steht oder mit denen es in Geschäftsbeziehungen zu treten wünscht."

[38] Harbeson, R. W.: The Clayton Act: Sleeping Giant of Antitrust, AER, Vol. 48 (1958), S. 100.

[39] Vgl. die ausführliche Darstellung von Gleiß, A. und A. Deringer: Markt und Wettbewerb gleichartiger Waren, Der Betriebs-Berater 1956, S. 735 f.
„Der Monopolbegriff im Falle du Pont", WuW 1958, S. 616 f.

‚Markt' besteht aus den Waren, die — unter Berücksichtigung von Preis, Verwendbarkeit und besonderen Eigenarten — vernünftigerweise von den Verbrauchern für die gleichen Zwecke gegeneinander ausgetauscht werden können. Bei seiner Abgrenzung kommt es auf den oder die Verwendungszwecke an, denen eine Ware dient[40]."

Die überstimmten Richter verteidigten ihren Standpunkt vor allem mit dem zwischen den Märkten bestehenden Preisunterschied: „Es sei unwahrscheinlich, daß praktische Geschäftsleute Zellophan in steigendem Umfange über ein Vierteljahrhundert lang gekauft hätten, wenn — wie behauptet worden war — wirkliche Substitute zu $^1/_7$ oder der Hälfte des Zellophanpreises zur Verfügung gewesen wären[41]."

Mueller und Stocking wiesen schon vor der Entscheidung des Falles in einer Untersuchung nach, daß du Pont ständig seinen Markt ausdehnte, indem die Zellophanpreise gesenkt wurden, während man bei den anderen Packmaterialien keine Reaktion beobachten konnte, sondern sogar eine entgegengesetzte Preispolitik festzustellen war[42].

Die beiden Autoren kommen aufgrund dieser Ergebnisse zu dem Schluß, daß du Pont Zellophan nicht auf einem Markt wirksamen Wettbewerbs verkaufte[43].

Man kann kaum behaupten, daß Richter in einem solchen Rechtsstreit sicheren Grund für eine objektive und eindeutige Entscheidung unter den Füßen hätten. Mestmäcker drückt das so aus: „Im Lichte dieser Schwierigkeiten versteht man die resignierende Feststellung in der jüngsten Monographie zum Monopolverbot des amerikanischen Rechts, man könne nur hoffen, daß das Urteil des Juristen über die Abgrenzung des relevanten Marktes im einzelnen Falle einige Anzeichen von Rationalität aufweise (Hale & Hale, Market Power: Size and Shape under Sherman Act, 1958, S. 112)[44]."

---

[40] Gleiß, A. und A. Deringer: ebenda, S. 736.

[41] Gleiß, A. und A. Deringer: ebenda, S. 736.

[42] Mueller, W. F. und G. W. Stocking: The Cellophane Case and the New Competition, AER, Vol. 45, 1 (1955), S. 55 f.: „Bleached glassine prices were constant from 1924 until 1933 and again from 1934 to 1938. They rose in 1939 and again in 1940. Waxed paper prices fluctuated between 5 cent and 52 cent per thousand square inches from 1933 through 1939 and in 1940 increased to 62 cent. ... These price patterns indicate that cellophane continued to decrease in price relative to most other wrapping materials."

[43] Mueller, W. F. und G. W. Stocking: ebenda, S. 56:
„Either cellophanes rival products were not close enough substitutes to feel the effect of cellophane price decreases (i. e., the cross elasticity of demand between cellophane and these products was low) or they were already selling at cost and could not prevent cellophane's invasion of their markets. In either event they did not constitute sufficiently close substitutes to insure effective competition."

[44] Mestmäcker, E.-J.: Das marktbeherrschende Unternehmen im Recht der Wettbewerbsbeschränkungen, a. a. O., S. 13.

Die räumliche Marktabgrenzung

Die Schwierigkeiten, die bei der räumlichen Abgrenzung eines Marktes entstehen, sind kaum geringer. Ein Markt wird räumlich eingeengt durch die Entfernung zwischen Anbietern und Nachfragern[45]. Ein Hindernis für den Handel über größere Distanzen kann in der Art des Gutes, d. h. in der Transportempfindlichkeit, Verderblichkeit usw. liegen.

Es genügt außerdem nicht, daß die Entfernung verkehrstechnisch — ohne Rücksicht auf die Kosten — durch die Käufer oder Verkäufer überbrückt werden kann. Selbst wenn die Verkehrsverhältnisse den Austausch von Gütern über größere Entfernungen ermöglichen, können die dabei entstehenden Kosten die theoretisch mögliche Marktausweitung verhindern.

Die räumliche Abgrenzung der Märkte ist relativ leicht, wenn nur die Kosten, „die sich in Geld ausdrücken lassen"[46], miteinander verglichen werden müssen. Das ist weitgehend im industriellen Sektor der Fall, soweit dort nur die Transportkosten der Güter einer Marktausweitung im Wege stehen.

Wesentlich schwieriger ist die Beurteilung der Kosten im weitesten Sinne, d. h. Zeitaufwand, Unbequemlichkeit usw., die insbesondere für die Einzelhandelsmärkte eine Rolle spielen. Die Schwierigkeiten einer exakten Marktabgrenzung liegen vor allem in der Unwägbarkeit dieser Faktoren, zumal diese „Kosten" nicht nur absolut, sondern auch in Relation zu dem Kaufobjekt (Gebrauchsdauer bzw. Gesamtwert der gekauften Menge eines Verbrauchsgutes, Preis und Qualität) gesehen werden müssen.

Ein weiterer sehr schwer faßbarer Faktor bei der Beurteilung der Ausdehnung eines Marktes ist die Attraktivität (im Einzelhandel z. B. durch größere Sortimentsbreite oder -tiefe, bessere Hygiene, höhere Qualität des Bedienungspersonals) eines Unternehmens bzw. die Anziehungskraft mehrerer Geschäfte in ihrer Gesamtheit.

Problematisch wird eine Marktabgrenzung darüber hinaus durch die Verkettung der Märkte, da sich die Einzugsgebiete[47] der einzelnen Unternehmen überschneiden und diese Überschneidungen wiederum die gemeinsamen Märkte der Unternehmen bilden.

---

[45] Die Aufspaltung eines Gesamtmarktes in regionale Märkte durch staatliche Eingriffe oder unternehmerische Vereinbarungen braucht in diesem Zusammenhang nicht berücksichtigt zu werden.

[46] Vgl. v. Stackelberg, H.: Grundlagen der theoretischen Volkswirtschaftslehre, 2. Aufl., Bern-Tübingen 1951, S. 220.

[47] Giese, F. und J. H. v. Brunn: (Wettbewerb und Wettbewerbsbeschränkung, Frankfurt/M. 1950, S. 35) verstehen unter Markt das „Feld der Verkaufschancen", das wiederum für ein einzelnes Unternehmen das Einzugsgebiet ist.

Auch die räumliche Marktabgrenzung läßt sich demnach nicht objektiv vornehmen. In Zweifelsfällen müssen die Kundengewohnheiten als Grundlage für eine Entscheidung dienen[48], die niemals eindeutig sein kann.

Die zeitliche Marktabgrenzung

Die Schwierigkeiten einer zeitlichen Marktabgrenzung treten demgegenüber in den Hintergrund, da es verhältnismäßig einfach ist zu prüfen, welches Angebot auf dem Markte ist. Die zeitliche Dimension wird erst dann interessant, wenn sich die Angebotsstruktur im Zeitablauf ändert, d. h. sobald nicht alle potentiellen Anbieter jederzeit am Markt auftreten.

Die Verhaltensweisen der Unternehmen

Wollte man ein Fazit unserer bisherigen Ausführungen zu dem Problem einer exakten Marktabgrenzung ziehen, so könnte man kaum von einem befriedigenden Ergebnis sprechen. Die Abgrenzung eines Marktes ist mit den beschriebenen Methoden weder objektiv noch exakt möglich. Angesichts dieser Situation erhebt sich die Frage, ob man nicht die Verhaltensweisen der Unternehmen zur Lösung des Problems heranziehen sollte.

Borchardt und Fikentscher weisen auf die Bedeutung der unternehmerischen Wirtschaftspläne für die Erkennung einer marktbeherrschenden Stellung hin: „Der Unternehmer selbst spricht über sich das sicherste Urteil aus, ob sein Unternehmen marktbeherrschend ist. Berücksichtigt der Unternehmer bei der Gestaltung der Geschäftsbedingungen die Geschäftspolitik anderer auf dem relevanten Markt nicht oder nur unwesentlich, so ist er marktbeherrschend im Sinne einer gesteigerten Marktbeeinflussung[49]." Dasselbe gilt für die Marktbeherrschung mehrerer Unternehmen in ihrer Gesamtheit.

Dennoch glauben die beiden Autoren, eine „völlige Subjektivierung des Marktbegriffs"[50] ablehnen zu müssen und stellen sich damit in Gegensatz zu v. Brunn, der folgende Auffassung vertritt: „Die Marktbeteiligten pflegen aber doch recht konkrete Vorstellungen über die Konkurrenzverhältnisse und die daraus herzuleitende Gleichheit des Marktes zu haben. Nur auf diese Vorstellungen der Praxis kann es bei der

---

[48] Vgl. Bartholomeyczik, H.: Marktbeherrschende Unternehmen, a. a. O., S. 500.

[49] Borchardt, K. und W. Fikentscher: Wettbewerb, Wettbewerbsbeschränkung, Marktbeherrschung, a. a. O., S. 73.

[50] Borchardt, K. und W Fikentscher: Wettbewerb, Wettbewerbsbeschränkung, Marktbeherrschung, a. a. O., S. 73.

Anwendung des Gesetzes ankommen. Eine wirtschaftstheoretische Methode zur Feststellung der Gleichheit des Marktes gibt es nicht[51]."

Eine Industrie, die mit Hilfe der unternehmerischen Wirtschaftspläne abgegrenzt ist, wäre demnach aufzufassen „als die Gesamtheit aller für die Entschlüsse eines Anbieters relevanten übrigen Anbieter oder als Gesamtheit aller sich bei der Planung gegenseitig beobachtender Anbieter"[52].

Eine solche Gruppe von Unternehmen ist im Sinne des § 22 Abs. 2 GWB uninteressant, solange in ihr Wettbewerb herrscht. Erst wenn die Unternehmen durch ihr Verhalten den Wettbewerb vermeiden, kommen sie mit dem Wettbewerbsrecht in Konflikt. Dieses Unternehmerverhalten ist aber objektiv feststellbar, da sich die beteiligten Wirtschaftssubjekte zu einer Gruppe solidarischen Verhaltens zusammenfinden müssen, in der bestimmte Normen mit dem Ziel der Ausschaltung des Wettbewerbs beachtet werden. Die Bedingungen für die Entstehung einer solchen Gruppe werden wir im einzelnen zu analysieren haben; denn hier liegt der Kern einer gemeinsamen Marktbeherrschung durch mehrere Unternehmen. Bei einer solchen Betrachtung handelt es sich nicht mehr um eine Marktabgrenzung, sondern um die Feststellung unternehmerischer Verhaltensweisen, die die Voraussetzung für das Eingreifen einer Mißbrauchsaufsicht bilden.

Wir haben es hier gar nicht mit einem „subjektiven Urteil des Unternehmens über den Marktumfang" zu tun, das nach Auffassung von Borchardt und Fikentscher das objektive Urteil des Richters nicht binden kann und darf[53]. Der Richter bildet sich aufgrund objektiv feststellbarer Verhaltensweisen ein Urteil über die Intensität des Wettbewerbs innerhalb der in Frage stehenden Gruppe von Unternehmen, nicht dagegen über den Umfang des Marktes. Indem wir keine begriffliche Trennung von „Markt" und „Beherrschung" vornehmen, folgen wir weder der Aufforderung von Borchardt und Fikentscher, eine Marktabgrenzung nach den Determinanten Gut, Raum und Zeit zu erarbeiten, noch dem Vorschlag v. Brunns, die Vorstellungen der Unternehmen über ihren Markt als Grundlage anzunehmen.

Nicht mehr der Markt steht im Mittelpunkt unserer Überlegungen, sondern das Marktverhalten von reaktionsverbundenen Unternehmen,

---

[51] v. Brunn, J. H.: Marktbeherrschung und Marktanteil im GWB, a. a. O., S. 413.

[52] Haerry, H.: Die Intensität des Wettbewerbs, a. a. O., S. 54.
Vgl. auch Machlup, F.: Competition, Pliopoly and Profit, a. a. O., S. 7: „,Industry' is merely a short expression which stands here for all firms whose operations affect one anothers sales conditions so definitely that we must not neglect taking account of them."

[53] Borchardt, K. und W. Fikentscher: Wettbewerb, Wettbewerbsbeschränkung, Marktbeherrschung, a. a. O., S. 74.

zwischen denen der Wettbewerb durch entsprechendes Gruppenverhalten beseitigt wird. Wir werden somit versuchen, den Begriff „Markt" mit Hilfe der Verhaltensforschung und der Erkenntnisse der Gruppendynamik in den Griff zu bekommen. „Der *Markt* ist ein *Phänomen* höchsten Grades. Um dieser Erscheinung nahezukommen, muß man über außergewöhnliche intuitive Begabung verfügen. Vor ihm versagen alle Künste der Vertreter der Ökonometrie, die sogar die geheimsten Gefilde der Wirtschaftspolitik mit Zahlen und Kurven höchster mathematischer Operationen ergründen wollen. Viel eher kann man ihm mit den Kräften des Unterbewußtseins begegnen[54]."

Die Nachfrageseite

An dieser Stelle muß noch eine weitere Frage behandelt werden, die in bestimmten Fällen von entscheidender Bedeutung sein kann. Die wirtschaftliche Stellung eines einzelnen Unternehmens oder einer Gruppe von Unternehmen braucht nicht gegenüber allen Nachfragern gleich stark oder gleich schwach zu sein. Anders ausgedrückt, die Unternehmen können verschiedenen Abnehmergruppen gegenüber unterschiedlich starkem Wettbewerb ausgesetzt sein. Das kann auf Gründe zurückgehen, die sich dem Einfluß der Unternehmen entziehen, es kann aber auch daran liegen, daß sich die Wettbewerbsnormen einer Gruppe von Unternehmen nicht auf alle Nachfrage in gleicher Weise beziehen. Dabei ist auch von Bedeutung, inwieweit die Nachfrager sich selbst als Gruppe fühlen und als solche eine starke Marktposition besitzen.

Als Beispiel dafür, daß auch der Kreis der Nachfrager einer Betrachtung unterzogen werden muß, mögen zunächst die Marktbeziehungen zwischen Markenartikelherstellern, Einzelhändlern und Verbrauchern dienen.

Wenn sich ein Markenartikelunternehmen durch direkte Verbraucherwerbung einen festen Kundenstamm geschaffen hat, kann seine Stellung trotz des Vorhandenseins von Wettbewerbern außerordentlich stark sein, insbesondere wenn die Preise des Produktes vertikal gebunden sind. Ändert in einem solchen Fall der Hersteller seine Geschäftsbedingungen gegenüber dem Einzelhandel zu dessen Ungunsten — etwa durch Kürzung der Handelsspanne —, dann kann der Einzelhändler keineswegs ohne Schaden auf das Konkurrenzangebot ausweichen. Da die Kunden infolge der vertikalen Preisbindung keine Auswirkungen der Maßnahme verspüren, gibt es für sie keinen Grund, von „ihrem" Produkt abzugehen. Es würde sicherlich eine Anzahl von Kunden das Geschäft wechseln, falls der Kaufmann auf diese Ware in seinem

---

[54] Metzner, M.: Kostengestaltung, Preisbildung und Marktprobleme, Bd. 2, Berlin 1954, S. 11.

Sortiment verzichten wollte. Auf diese Weise verlöre der Einzelhändler nicht nur den Umsatz in diesem Artikel, sondern zusätzlich den Umsatz in allen anderen Waren, die der Kunde sonst bei ihm gekauft hätte. — Das Beispiel zeigt, daß die Nachfragergruppen Einzelhandel und Verbraucher durchaus nicht gleichzusetzen sind.

Ebenso kann man die Konkurrenz und Substituierbarkeit der Energieträger keinesfalls verallgemeinern.

Für Haushaltungen, die z. B. einen Gasherd besitzen, sind Kohle, Elektrizität und Heizöl keineswegs mit Gas substituierbare Güter, wohl dagegen für Haushalte, die neu eingerichtet werden. Bei einer solchen Betrachtung steht nicht das Produkt Kohle mit dem Produkt Heizöl in Konkurrenz, sondern die Kohle konkurriert mit dem Heizöl lediglich um *neue* Abnehmer, da vor dem Verbrauch des Heizmaterials die finanziell nicht unerhebliche Anschaffung der entsprechenden Apparaturen steht[55].

Nach diesen Ausführungen über den Begriff des Marktes können wir uns dem Wettbewerbsbegriff des § 22 Abs. 2 GWB zuwenden.

3. Der Wettbewerbsbegriff

In § 22 Abs. 2 GWB sind zwei Voraussetzungen für die gemeinsame Marktbeherrschung von zwei und mehr Unternehmen formuliert, die sich auf den Wettbewerb beziehen. Die erste Voraussetzung betrifft das Innenverhältnis der Unternehmen, zwischen denen aus tatsächlichen Gründen ein wesentlicher Wettbewerb nicht bestehen darf. Die zweite Voraussetzung bezieht sich auf das Außenverhältnis der betreffenden Unternehmen, die in ihrer Gesamtheit ohne Wettbewerber sein müssen oder keinem wesentlichen Wettbewerb ausgesetzt sein dürfen.

Da im Schrifttum von der Vorstellung eines klar abgegrenzten Marktes ausgegangen wird, gewinnt die zweite Voraussetzung nur Bedeutung, wenn auf dem Markt neben Unternehmen, zwischen denen kein wesentlicher Wettbewerb herrscht, noch kleinere Konkurrenten vorhanden sind. Es handelt sich also im Sinne der Marktformenlehre um den Gegensatz marktbeherrschendes Volloligopol — marktbeherrschendes Teiloligopol[56]. Nach Borchardt und Fikentscher ist die Marktbeherrschung dann gegeben, wenn „‚das Oligopol', also die Mehrheit der Unternehmen, unabhängig von anderen Wettbewerbern" plant[57].

---

[55] Diesem Tatbestand ist auch in dem deutschen Kartellvertrag „Kohle — schweres Heizöl" Rechnung getragen worden, da die Ölfirmen sich bereit erklärten, vorerst neuen Kunden keine Finanzierungshilfen bei der Umstellung zu gewähren.

[56] Vgl. Bartholomeyczik, H.: Marktbeherrschende Unternehmen, a. a. O., S. 524.

[57] Borchardt, K. und W. Fikentscher: Wettbewerb, Wettbewerbsbeschränkung, Marktbeherrschung, a. a. O., S. 78.

Nun ist allerdings schwer einzusehen, warum sowohl eine mühselige und im Endeffekt oft unbefriedigende Marktabgrenzung zur Isolierung des „Oligopols" vom Substitutionsgüterwettbewerb als auch eine nachträgliche Prüfung des Wettbewerbs zwischen dem festgestellten Oligopol und sonstigen Konkurrenten vorgenommen werden muß. Eine Untersuchung, die das Ergebnis hat, daß eine Mehrheit von Unternehmen, zwischen denen kein wesentlicher Wettbewerb herrscht, insgesamt ohne Wettbewerber ist oder keinem wesentlichen Wettbewerb unterliegt, dürfte für den Tatbestand der Marktbeherrschung genügen. Eine solche Feststellung schließt die Abgrenzung des Marktes für das Oligopol mit ein.

Wettbewerb im Innenverhältnis

Aber selbst eine Untersuchung des Wettbewerbs im Innen- und im Außenverhältnis überschreitet den Rahmen des Notwendigen. Bei einem einzelnen marktbeherrschenden Unternehmen ist es zwar erforderlich zu prüfen, ob es ohne Wettbewerber oder ohne wesentlichen Wettbewerb ist, nicht jedoch bei einer Gruppe von Unternehmen. Der Grund dafür ist folgender: Wir hatten als Sinn des § 22 Abs. 2 GWB herausgestellt, daß auch eine Gruppe von Unternehmen der Mißbrauchsaufsicht unterstellt werden müsse, wenn sie „aus tatsächlichen Gründen" eine Marktposition erlangt habe, die der eines Kartells gleichkäme. Die Tatsache, daß Unternehmen auch ohne Vereinbarungen, die nach § 1 GWB verboten sind, durch ihr Verhalten eine kartellähnliche Position erlangen können, enthält die Möglichkeit eines Mißbrauchs. Ob die gemeinsame beherrschende Marktstellung der Unternehmen durch einzelne oder alle Beteiligte mißbräulich ausgenutzt werden kann, hängt von dem Vorhandensein eines tatsächlichen oder potentiellen Konkurrenzangebotes und der Gesamtnachfragekurve der Industrie[58] ab, spielt aber für ihre Existenz selbst keine Rolle. Die „gemeinsame Marktbeherrschung" mehrerer Unternehmen ohne rechtliche Vereinbarungen ist daher nicht analog einem einzelnen marktbeherrschenden Unternehmen, sondern analog einem Kartell zu behandeln, mit der Einschränkung, daß nur die mißbräuchliche Ausnutzung der Marktstellung verfolgt wird. Die kartellähnliche Marktstellung ist bereits durch das Fehlen wesentlichen Wettbewerbs innerhalb der Gruppe erreicht. Bereits in diesem Fall muß die Mißbrauchsaufsicht einsetzen, wie auch eine Kartellvereinbarung nicht erst dann verboten ist, wenn die beteiligten Unternehmen ohne Wettbewerber oder ohne wesentlichen Wettbewerb sind, sondern generell. Auch die Erlaubnis bestimmter Kartellvereinbarungen im GWB ist nicht auf das Vorhandensein von Wettbewerb nach außen, sondern auf die

---

[58] Vgl. Haerry, H.: Die Intensität des Wettbewerbs, a. a. O., S. 56.

Erhaltung wesentlichen Wettbewerbs im Kartell selbst zurückzuführen. Es genügt demnach die Prüfung, ob innerhalb einer Gruppe von Unternehmen durch die Beachtung von Verhaltensnormen allgemein oder gegenüber bestimmten Nachfragergruppen kein wesentlicher Wettbewerb herrscht. Bevor wir derartige Verhaltensweisen untersuchen, haben wir uns noch mit dem Begriff und den Formen des Wettbewerbs zu beschäftigen.

Definitionen des Wettbewerbs

Im Schrifttum sind zahlreiche Definitionen des Begriffes Wettbewerb im Sinne eines ökonomischen Wettbewerbs zu finden, die oft nur unwesentlich voneinander abweichen. Wir hatten bereits im Anschluß an Haerry die Ungewißtheit über das Ergebnis jeder Verhaltensweise bzw. des gesamten Marktverhaltens als Kennzeichen echten Wettbewerbs herausgestellt[59].

Lutz formuliert drei Bedingungen, unter denen die Konkurrenz ihren wirklichen, nämlich dynamischen und vorwärtsstürmenden Charakter besitzt: „Einmal, daß der Unternehmer sich bewußt ist, daß er durch seine Preis-, Qualitäts- und Verkaufspolitik seine Konkurrenten in die Enge treiben und von ihnen entsprechend in die Enge getrieben werden kann, wozu es natürlich erforderlich ist, daß es mehrere voneinander unabhänigige Produzenten in der Industrie gibt; zweitens, daß es keine Preisabreden oder Qualitätsabreden zwischen diesen Produzenten gibt; drittens, daß der Eintritt in die Industrie offenbleibt, d. h. daß jeder eine Chance hat, unter den gleichen Bedingungen wie die schon bestehenden Betriebe mitzukonkurrieren"[60].

Günther versteht unter wirtschaftlichem Wettbewerb das Bestreben eines Marktteilnehmers, „anstelle eines anderen gleichgerichteten Mitbewerbers ein Kauf-Tauschgeschäft oder einen Miet-, Pacht- oder auf gewerbliche Leistungen gerichteten Vertrag mit anderen Marktpartnern abzuschließen"[61].

Nach Abbott handelt es sich bei ökonomischem Wettbewerb um einen „Wettstreit — oder öfter um eine Aufeinanderfolge von Wettstreiten —, bei dem unabhängige Verkäufer Produkte ihrer eigenen Wahl zu Preisen ihrer eigenen Wahl anbieten, die von unabhängigen Käufern bewertet und gekauft werden, wobei sich die Erzeugnisse gegenseitig in dem Sinne ersetzen können, daß sich mit dem einen oder anderen eine bestimmte Tätigkeit oder ein bestimmtes Erleben erreichen läßt. Die Käufer müssen dabei die Freiheit haben, jedes angebotene

---

[59] Siehe S. 14.
[60] Lutz, F. A.: Bemerkungen zum Monopolproblem, Ordo, Bd. 8 (1956) S. 34.
[61] Günther, E.: Einkaufsvereinigungen und Kartellgesetzentwurf, Veröffentlichung über die Jahrestagung 1956 des Zentralverbandes des Genossenschaftlichen Groß- und Außenhandels e. V., S. 5.

Geschäft abzuschließen, zurückzuweisen oder ein Gegenangebot zu machen. Ferner müssen alle Beteiligten bei ihren Entscheidungen von den Vorstellungen geleitet sein, die sie selbst von der bestmöglichen Erfüllung ihrer eigenen Interessen haben"[62].

Borchardt und Fikentscher geben folgende Definition: „Wirtschaftlicher Wettbewerb ist das selbständige Streben sich gegenseitig im Wirtschaftserfolg beeinflussender Anbieter oder Nachfrager (Mitbewerber) nach Geschäftsverbindung mit Dritten (Kunden) durch Inaussichtstellung möglichst günstiger Geschäftsbedingungen"[63].

Die wesentlichen Elemente aller dieser Definitionen sind das Vorhandensein von mindestens zwei Wirtschaftssubjekten, ihre Leistung[64], ihre Reaktionsverbundenheit und — infolge ihrer Selbständigkeit — ihre Ungewißheit über das Ergebnis des Wettbewerbs. Das ist am schärfsten von Haerry herausgearbeitet, der ökonomischen Wettbewerb umschreibt „als ein Ausleseverfahren auf Grund der relativen Leistungen der Beteiligten, das sich durch Reaktivität in der Planung und Ungewißheit über das Ergebnis auszeichnet"[65]. Mit den Begriffen Leistung, Reaktionsverbundenheit und Ungewißheit werden wir uns im folgenden dem Phänomen des Wettbewerbs nähern können.

Formen des Wettbewerbs

Die Formen, in denen sich der wirtschaftliche Wettbewerb abspielt, sind mannigfaltig und werden ständig um neue Varianten bereichert. An erster Stelle steht hier der von der ökonomischen Theorie seit jeher mit Vorzug behandelte Preiswettbewerb im weitesten Sinne. Wir wollen darunter alle Wettbewerbsmethoden erfassen, die dem Kunden gegenüber anderen Anbietern einen günstigeren Preis verschaffen sollen, also nicht nur die Preissenkung selbst, sondern auch die Rabatt-

---

[62] Abbott, L.: Qualität und Wettbewerb, a. a. O., S. 126.
[63] Borchardt, K. und W. Fikentscher: Wettbewerb, Wettbewerbsbeschränkung, Marktbeherrschung, a. a. O., S. 15.
Als weitere Quellen sind zu nennen:
Giese, F. und J. H. v. Brunn: Wettbewerb und Wettbewerbsbeschränkung, a. a. O., S. 33 f.
Abbott, L.: ebenda, S. 115 ff.
Brugger, G.: Zur Auslegung des § 1 GWB, WuW 1959, S. 473 ff.
Bain, J. S.: Workable Competition in Oligopoly: Theoretical Considerations and Some Empirical Evidence, in: Capitalism and Monopolistic Competition, AER, Vol. 40, 1 (1950), Papers and Proceedings, S. 36.
[64] Vgl. Bericht des Bundeskartellamtes über seine Tätigkeit im Jahre 1958, Deutscher Bundestag, 3. Wahlperiode, Drs. 1000, S. 7: „Der Wettbewerb als Erscheinung des gesellschaftlichen Zusammenlebens bewirkt, daß die Marktpartner im fortgesetzten Leistungsvergleich mit ihren Konkurrenten billiger, besser, schneller oder auf neue Weise Leistungen erbringen, und daß die objektiv höhere Gegenleistung im allgemeinen derjenige erhält, der die größere Leistung vollbracht oder den dringenderen Bedarf befriedigt hat."
[65] Haerry, H.: Die Intensität des Wettbewerbs, a. a. O., S. 19 f.

gewährung, die Einräumung von Teilzahlungsmöglichkeiten ohne oder ohne vollständige Berechnung der entstehenden Kosten, die Inzahlungnahme gebrauchter Produkte zu überhöhten Preisen beim Kauf eines neuen usw.. — In allen diesen Fällen handelt es sich um Äußerungen des Wettbewerbs, die nicht nach der Leistung, die sie für den Verbraucher erbringen, als Hauptleistungs- oder Nebenleistungswettbewerb bewertet werden sollten. Eine Rangdifferenzierung der zahlreichen Formen, in denen sich der wirtschaftliche Wettbewerb abspielen kann, dürfte ohne Berücksichtigung der sonstigen Gegebenheiten des jeweiligen Marktes, vor allen Dingen der Art des Gutes, weder objektiv und eindeutig möglich noch für eine rechtliche Beurteilung ergiebig sein. Auch Sölter lehnt eine solche Differenzierung der Begriffe, wie sie das Bundeskartellamt versucht, ab[66].

Der Preiswettbewerb wurde und wird zwar in der Theorie als wesentlichste Ausdrucksform der Konkurrenz angesehen, nicht aber in der Praxis. Chamberlin hat als erster auf diese Einseitigkeit hingewiesen. Er stellt der Preis-Mengen-Relation zwei weitere Wettbewerbsformen zur Seite: erstens das Produkt selbst in seinen verschiedenen qualitativen Aspekten und zweitens die Ausgaben für Werbung und sonstige Verkaufsförderung[67].

Dem Qualitätswettbewerb die Bedeutung, die er in der Wirtschaft hat, auch in der ökonomischen Theorie zugewiesen zu haben, ist das Verdienst von Abbott. Nach ihm ist der Wettbewerb eine „zweidimensionale Erscheinung — ein Ganzes aus zwei unabhängigen Elementen, Qualitätswahl und Preiswahl"[68].

Wir werden alle Wettbewerbsformen, die sich nicht direkt auf den Preis beziehen, unter der Bezeichnung „Nicht-Preiswettbewerb" in Anlehnung an die „non-price-competition" der angelsächsischen Literatur zusammenfassen[69].

Burns klassifiziert die Ausgaben für die Nicht-Preiskonkurrenz folgendermaßen: (A) Ausgaben, die die Einstellung der Käufer zu einer Ware ändern sollen; (B) Ausgaben für Qualität und Kundendienst; (C)

---

[66] Sölter, A.: Streitfragen zwischen Industrie und Kartellamt, Handelsblatt, Nr. 59 v. 1./2. 5. 1959.

[67] Chamberlin, E. H.: The Product as an Economic Variable, QJE, Vol. 67 (1953), S. 2.

[68] Abbott, L.: Qualität und Wettbewerb, a. a. O., S. 138.
Vgl. auch Schumpeter, J. A.: Kapitalismus, Sozialismus und Demokratie, Bern 1946, S. 139: „Die Ökonomen entwachsen nun endlich dem Stadium, wo sie nur Preiskonkurrenz sahen und nichts sonst. Sobald die Qualitätskonkurrenz und der Kundendienst in die geheiligten Gefilde der Theorie zugelassen werden, ist die Preisvariable aus ihrer beherrschenden Stellung vertrieben."

[69] Eine außerordentlich sorgfältige Zusammenstellung möglicher Methoden der non-price competition haben Nelson, S. und W. G. Keim erarbeitet (Methods of Nonprice Competition, in: Backman, J.: Price Practices and Price Policies, S. 96 ff.).

Ausgaben für Aufmachung (style), die die Nachfrage nach dem betreffenden Gut steigern soll[70].

Der Nicht-Preiswettbewerb bringt, im Gegensatz zur Preiskonkurrenz, eine Erhöhung der Kosten für die Unternehmen mit sich. Der Gewinn wird also durch diese Form des Wettbewerbs sozusagen von der anderen Seite her eingeengt. Die Bedrohung des Gewinnes ist demnach bei beiden Ausdrucksformen in gleicher Weise vorhanden[71].

Die Höhe dieser Kosten im Verhältnis zu dem Nutzen, der dem Kunden daraus erwächst, wird jedoch z. T. skeptisch bewertet. Bain führt aus, daß die Nutzenzunahme für den Käufer im allgemeinen nicht mit der Kostensteigerung Schritt hält[72]. Auch Risse bemerkt: „Vielfach ist der Nutzen dieses Wettbewerbs nur sehr gering und steht auch in keinem Verhältnis zu den Aufwendungen des Anbieters, so zum Beispiel, wenn dadurch Kundendienstleistungen hochgezüchtet oder Qualitäten produziert werden, die zwar die Kunden willig hinnehmen, die sie aber von sich selbst aus gar nicht nachfragen; eine echte Preissenkung würden sie vorziehen"[73]. Das Vorhandensein wesentlichen Wettbewerbs wird sicherlich vorwiegend unter diesem Gesichtspunkt geprüft werden müssen. Wenn sich der Wettbewerb zwischen Anbietern lediglich in Formen abspielt, die keine Leistung für den Kunden mit sich bringen, kann man schwerlich noch von wesentlichem Wettbewerb sprechen. Das ist z. B. der Fall, wenn sich der Wettbewerb einzig und allein auf den Kampf um den Marktanteil durch eine an den Verbraucher herangetragene Werbung beschränkt, die keine Informationsfunktion mehr hat, d. h. keine Einführungswerbung mehr ist. Eine Abwägung der einzelnen Wettbewerbsformen ist aber nur im Rahmen der übrigen Marktgegebenheiten sinnvoll.

Eine besondere Form des Wettbewerbs besteht darin, daß Unternehmen den eigenen, bereits auf dem Markt befindlichen Produkten mit neuen Erzeugnissen — z. B. in der Zigarettenbranche mit neuen Marken — Konkurrenz machen[74].

Wir können uns nunmehr dem Problem der Einschränkung des Wettbewerbs „aus tatsächlichen Gründen" zwischen Unternehmen zuwenden, die theoretisch im Wettbewerbskampf stehen müßten, praktisch jedoch eine Gruppe mit ausgeprägtem Solidaritätsgefühl bilden.

---

[70] Burns, A. R.: The Decline of Competition, New York-London 1936, S. 375.
[71] Haerry setzt die Stärke der Bedrohung des Gewinnes bzw. der Rentabilität bezogen auf eine Zeitspanne gleich der Intensität des Wettbewerbs (Die Intensität des Wettbewerbs, a. a. O., S. 95).
[72] Bain, J. S.: Pricing, Distribution and Employment, a. a. O., S. 206.
[73] Risse, R.: Harte Preiskrusten, Beilage zu „Der Volkswirt", 1958, Nr. 51/52, S. 67.
[74] Vgl. Lanzillotti, R. F.: Multiple Products and Oligopoly Strategy: A Development of Chamberlin's Theory of Products, QJE, Bd. 68 (1954), S. 461 ff.

Kapitel II

Das Entstehen von Gruppenbewußtsein zwischen Unternehmen

1. Wettbewerbsverhalten und Gruppensolidarität

Die Behauptung, daß Wettbewerbsverhalten nicht das einzige herrschende Leitbild wirtschaftlicher Unternehmen darstellt, braucht angesichts des heutigen Wirtschaftslebens kaum noch begründet zu werden. Der Wettbewerb als treibende Kraft und allgemeingültiges Unternehmerleitbild ist eine häufig gemachte Annahme der ökonomischen Theorie und ebenso die gesetzte Norm unserer gegenwärtigen Wirtschaftspolitik und des darauf aufbauenden Wirtschaftsrechts; das tatsächliche Unternehmerverhalten ist jedoch keineswegs immer danach ausgerichtet. „Am Wettbewerb hängt, zum Wettbewerb drängt alles"[1] ist eine Formel für die offizielle Norm, die unserer Wirtschaftsordnung zugrunde liegt, keine Beschreibung des wirklichen Marktgeschehens.

In unseren weiteren Betrachtungen wird die von der Wirtschaftspolitik gesetzte Norm des Konkurrenzverhaltens unberücksichtigt bleiben. Es wird vielmehr unsere Aufgabe sein, in einer empirischen Untersuchung[2] die tatsächlich geltenden Normen unternehmerischen Verhaltens zu analysieren. So kommen in der Wirklichkeit neben den Normen des Wettbewerbsverhaltens auch die des solidarischen Verhaltens vor. Ein solidarisches Verhalten von Unternehmen ist aber nur dann zu erwarten, wenn diese von einem bloßen Nebeneinander zu einem Miteinander gekommen sind. Die Unternehmen dürfen nicht mehr eine Menge bilden, sondern eine Gruppe im Sinne der Sozialpsychologie[3].

Es gibt zahlreiche Gründe für das Entstehen eines Zusammengehörigkeitsgefühls zwischen Unternehmen. Lohnforderungen der Gewerkschaften, steuerliche Maßnahmen, Zollerhöhungen oder -senkungen sind

---

[1] Sweerts-Sporck, P.: Offenes Wort zum Kartellbericht, Der Volkswirt 1959, S. 807.

[2] Es handelt sich um eine empirische Untersuchung in dem Sinne, daß die in ihr aufgestellten Hypothesen „durch Widerlegungsversuche an Hand der Tatsachen (Popper-Kriterium)" überprüfbar, nicht dagegen endgültig bewiesen sind. (Vgl. dazu Albert, H.: Nationalökonomie als Soziologie, Kyklos, Vol. 13 [1960], S. 6).

[3] Vgl. Hofstätter, P. R.: Gruppendynamik, Hamburg 1957, S. 22.

einige der Momente, die Unternehmen vor eine gleichartige Situation, vor eine gemeinsame Aufgabe stellen können. Diese Beispiele zeigen aber bereits, daß Unternehmen sich gleichzeitig den verschiedensten Gruppen, die jeweils auf ein anderes Ziel hin orientiert sind, zugehörig betrachten können[4]. Für uns sind jedoch innerhalb dieser Vielfalt nur solche Gruppen interessant, in denen das Gefühl der Solidarität zu einem Verzicht auf Wettbewerb führt. An dieser Stelle müssen wir uns ins Gedächtnis zurückrufen, daß wir echten Wettbewerb mit den Begriffen Leistung, Reaktionsverbundenheit und Ungewißheit über das Ergebnis umschrieben haben. Dabei interessiert uns in erster Linie der Zwang zu reaktiver Planung, der eine Voraussetzung für echten Wettbewerb darstellt. Die Unternehmen müssen in ihren Marktmaßnahmen voneinander abhängig sein, d. h. es handelt sich nach der ökonomischen Theorie um eine „circular interdependence", um oligopolistische Konkurrenzbeziehungen[5].

Bei Gruppen reaktionsverbundener Unternehmen muß es sich zwangsläufig um Kleingruppen handeln, deren wesentliches Merkmal im Gegensatz zu Großgruppen „in der Tatsache des Sich-Kennens und der gegenseitigen Abhängigkeit" besteht[6]. Die Tatsache der gegenseitigen Abhängigkeit kommt sehr deutlich in der Definition zum Ausdruck, die Hofstätter für die Gruppe gibt: „Als Gruppe bezeichnet man eine Anzahl von Organismen, deren Verhalten einer wechselseitigen Steuerung unterliegt. Was ein Mitglied der Gruppe tut, beeinflußt das Tun aller oder einzelner anderer und ist seinerseits auf die Aktionen dieser anderen abgestimmt"[7]. Das ist eine exakte Beschreibung oligopolistischer Konkurrenzbeziehungen. Die „wechselseitige Steuerung des Verhaltens" ist nichts anderes als die Reaktionsverbundenheit von Unternehmen, die wir als Kennzeichen von Oligopolsituationen herausgestellt haben. Zugleich zeigte sich aber, zu welcher Schärfe des Wettbewerbs die gegenseitige Abhängigkeit von Unternehmen führen kann[8]. Die Drohung der ruinösen Konkurrenz braucht sich nie zu verwirklichen, dennoch steht sie für jedes der Unternehmen am Horizont seiner Planungen[9]. In der Furcht vor dem Ausbruch eines Wettbewerbskampfes liegt

---

[4] Vgl. auch Katona, G.: Das Verhalten der Verbraucher und Unternehmer, Tübingen 1960, S. 44 f.
[5] Vgl. S. 14 f.
[6] Vgl. König, R.: Gruppe, in: Soziologie, S. 107 f.
Katona, G.: Das Verhalten der Verbraucher und Unternehmer, a. a. O., S. 47.
Hofstätter, P. R.: Gruppendynamik, in: Psychologie, S. 154.
[7] Hofstätter, P. R.: ebenda, S. 154.
Vgl. auch Bonner, H.: Social Psychology, New York u. a. 1953, S. 91.
[8] Vgl. S. 14.
[9] Vgl. Fellner, W.: Competition among the Few, a. a. O., S. 178: „The potentiality of cutthroat competition influences the behavior of oligopolistic firms even if this kind of belligerent attitude never becomes actual."

der Grund für das Entstehen eines Solidaritätsgefühls. Die Unternehmer haben ein lebhaftes Interesse daran, das Ausbrechen eines Preiskrieges zu vermeiden. Ohm bezeichnet das Sicherheitsstreben als ein durchgängiges Phänomen des modernen Wirtschaftsdenkens[10]. Um wieviel ausgeprägter muß dieses Streben in Marktsituationen weitgehender gegenseitiger Abhängigkeit sein!

Die Aktivierung reaktionsverbundener Unternehmen zu einer Gruppe, die Bildung von Gruppenbewußtsein, das Verhalten von Unternehmen unter einem generellen Leitbild der Solidarität statt des Wettbewerbs stehen damit im Mittelpunkt unserer weiteren Überlegungen. Diese Untersuchung soll uns zum Problemkern des § 22 Abs. 2 GWB führen und gleichzeitig eine Deutung oligopolistischen Verhaltens bieten. Eine solche Betrachtung des Oligopols ist praktisch schon von Knauth gefordert worden. Für ihn liegt diese Marktform dann vor, wenn sich die infrage kommenden Unternehmen so zusammenschließen können, daß sie gemeinsame Macht schaffen[11].

Die Solidarität von Unternehmen einer Gruppe kann jedoch sowohl eine Folge von Vereinbarungen als auch tatsächlicher Verhaltensweisen sein. In der Terminologie der Gruppendynamik läßt sich dabei die Unterscheidung von formalen und informalen Gruppen machen[12]. Kennzeichen formaler im Gegensatz zu informalen Gruppen ist, daß sie organisiert sind, meist in Verbindung mit einer Rang- und Rollendifferenzierung, die dem Gruppenziel gerecht werden. Da formale Gruppen, deren Organisationszweck die Durchsetzung eines solidarischen Verhaltens gegenüber dem Wettbewerbsverhalten ist, jedoch unter das Kartellverbot des § 1 GWB fallen, können wir uns auf die informalen Gruppen beschränken.

Es ist also zunächst unsere Aufgabe zu untersuchen, welche Bedingungen den Zusammenschluß reaktionsverbundener Unternehmen zu einer Gruppe begünstigen, in der das zu erwartende Wettbewerbsverhalten durch Solidarität ersetzt wird. In der Sprache des Wettbewerbsrechts hätten wir zu fragen, unter welchen Bedingungen zwei oder mehr

---

[10] Ohm, H.: Oligopolistische Preisführerschaft und Kartellgesetz, WuW 1955, S. 23.
Vgl. auch Sweerts-Sporck, P.: Offenes Wort zum Kartellbericht, a. a. O., S. 807: „Im Grunde tritt nämlich jedermann nur für den Wettbewerb beim anderen ein und sucht für sich selbst möglichst viel Sicherheit."

[11] Knauth, O.: Business Practices, Trade Position and Competition, New York 1956, S. 57.

[12] Es werden in gleicher Weise die Ausdrücke formell und informell gebraucht.
Vgl. Lepsius, R. M.: Industrie und Betrieb, in: Soziologie, S. 130 f.
Newcomb, Th. M.: Sozialpsychologie, Meisenheim am Glan 1959, S. 429.
Hartley, E. H. und R. E. Hartley: Die Grundlagen der Sozialpsychologie, Berlin 1955, S. 16.

Unternehmen zu einer Gruppe zusammenfinden, in der ohne rechtliche Vereinbarungen lediglich aufgrund bestimmter Verhaltensweisen kein wesentlicher Wettbewerb mehr zu verspüren ist.

Weiterhin müssen wir uns mit den Ausdrucksformen des Gruppenbewußtseins beschäftigen, um uns dann dem tatsächlichen Verhalten der Unternehmen unter dem Einfluß spezifischer Gruppennormen zuwenden zu können.

Auch für unsere Darlegungen wird Lutz' Aussage von der dynamischen Theorie Gültigkeit haben: „Sie wird niemals diese Exaktheit entwickeln können, wie sie die statische Theorie kennzeichnet, dafür aber größere Wirklichkeitsnähe und Brauchbarkeit eintauschen"[13].

2. Bedingungen gruppenkonformen Verhaltens von Unternehmen

a) Gemeinsame Merkmale als Erfordernis der Gruppenzugehörigkeit

Eine grundlegende Voraussetzung für die Bildung einer Gruppe ist eine soziale Gruppe von Menschen, die nicht irgendwelche Gemeinsamkeiten besitzen, ist kaum denkbar, würde zumindest kaum von Dauer sein[14]. Das gilt für organisierte Gruppen, wie Vereine, ebenso wie für unorganisierte. Im Bereich wirtschaftlicher Unternehmen läßt sich das sehr deutlich an den Verbänden demonstrieren. Die Grundbedingung jeder Verbandszugehörigkeit ist das Vorhandensein der geforderten Merkmale bei dem einzelnen Unternehmen, sei es die Produktion oder der Vertrieb einer bestimmten Art von Gütern, eine Mindestumsatzhöhe, eine besondere Unternehmensform oder auch nur der Standort in einem bestimmten Gebiet[15]. Immer aber kann man feststellen, daß die Kohäsion der Gruppe — neben anderen Einflußgrößen — umso stärker ist, je zahlreicher, spezieller und bedeutsamer die gemeinsamen Merkmale der Gruppenangehörigen sind. In Unternehmensgruppen, wie wir sie zu untersuchen haben, ist das Erfordernis eher noch wichtiger als in festgefügten, organisierten Vereinigungen.

Für den Zusammenschluß von Unternehmen zu einer Gruppe und die Ausbildung eines solidarischen Verhaltens ist die Gleichartigkeit der

---

[13] Lutz, F. A.: Bemerkungen zum Monopolproblem, a. a. O., S. 33.
[14] Vgl. Hofstätter, P. R.: Einführung in die Sozialpsychologie, Stuttgart 1959, S. 324: „Wo Vereine und Vereinigungen in offizieller Weise entstehen, findet sich daher stets eine Minimalforderung von Merkmalen, die ein Kandidat besitzen muß, um Aufnahme finden zu können. Man bezeichnet solches Verhalten häufig als die „Exklusivität" von Gruppen; man sollte aber nicht übersehen, daß ohne eine solche Minimalgarantie die Gemeinschaft einer Gruppe praktisch sinnlos und kaum bestandsfähig wäre."
[15] Vgl. Müller, H. und G. Gries: Kommentar zum GWB, Frankfurt/M. 1958, S. 197.

Güter von entscheidender Bedeutung. Die ökonomische Theorie hat erarbeitet, daß zwischen Anbietern homogener, d. h. materiell und ökonomisch gleichartiger Güter der stärkste Wettbewerb herrscht. Die Reaktionsverbundenheit der Unternehmen ist auf vollkommenen Märkten[16] am intensivsten, da das Fehlen jeglicher Präferenzen das Jevons'sche Gesetz der Unterschiedslosigkeit zur Herrschaft bringt: auf vollkommenen Märkten — darin ist die Homogenitätsbedingung enthalten — kann immer nur ein Preis gelten. Jede Preisänderung eines Unternehmens bewirkt die sofortige Zu- oder Abwanderung der gesamten Nachfrage; die Abhängigkeit der Unternehmen voneinander ist also stärker nicht denkbar[17]. Die Stärke der Reaktionsverbundenheit ist aber ein entscheidender Faktor für das Ausmaß an Gruppensolidarität. — Umgekehrt schwächt jede Produktdifferenzierung die Gemeinsamkeit der Unternehmen in bezug auf das wesentliche Gruppenmerkmal. Diese Differenzierung läßt sich auf das Vorhandensein von Präferenzen sachlicher, personeller, räumlicher und zeitlicher Art für das Gut oder das Unternehmen zurückführen[18].

Das Vorhandensein sachlicher Präferenzen kann in erster Linie zurückgehen auf die Qualität des Produktes. In der Terminologie von Abbott umfaßt diese Art der Differenzierung sämtliche Möglichkeiten der „Variabilität der Qualität"[19]. Die Art von Präferenzen muß nicht in jedem Falle auf einer besseren Qualität einer Ware gegenüber Substitutionsgütern beruhen. Es kann auch eine Verschiedenheit zugrunde liegen, der das Attribut „besser" nicht zugebilligt zu werden braucht. Gerade bei Produkten, die von den Kunden in ihrer technischen Qualität sehr schwer oder überhaupt nicht beurteilt werden können, wird der Produzent in starkem Maße versuchen, Geschmack, Gefühl, Geltungsdrang und andere außerökonomische Kaufmotive zu aktivieren, also auf emotionaler Basis für sein Produkt zu argumentieren. Die Spann-

---

[16] Zu den Bedingungen des vollkommenen Marktes vgl. Gutenberg, E.: Grundlagen der Betriebswirtschaftslehre, Bd. 2, a. a. O., S. 153 f.

[17] Vgl. die Ausführungen Gutenbergs zu der oligopolistischen Absatzpolitik auf vollkommenen Märkten (ebenda, S. 233 ff.).

[18] Vgl. v. Stackelberg, H.: Grundlagen der theoretischen Volkswirtschaftslehre, a. a. O., S. 219 ff.

[19] Abbott, L.: Qualität und Wettbewerb, a. a. O., S. 149 ff. Abbott unterscheidet drei Arten der Variabilität der Qualität:
1. „Vertikale Variabilität", die eine Qualitätsverbesserung unter Kostenerhöhung darstellt;
2. „Horizontale Variabilität"; die Verbesserungen sind nicht für alle Käufer von gleichem Wert und „Kostenunterschiede sind, wenn vorhanden, zufälliger Natur";
3. „Innovatorische Variabilität", die eine Qualitätsverbesserung ohne Kostenerhöhung darstellt; falls sich die Kosten ändern, setzt sich die neue Qualität gegenüber der alten durch;
4. Mischformen.

weite einer möglichen Differenzierung ist demnach außerordentlich groß. Sie braucht sich nicht nur auf die Ware selbst zu beziehen, sondern kann auch Aufmachung, Verpackung, Kundendienst, z. B. bei notwendiger Montage des gekauften Gegenstandes, u. ä. umfassen. Außerdem ist es nicht einmal erforderlich, daß der Vorteil, den der Käufer in einem Produkt sieht, tatsächlich vorhanden ist. Damit ist der gesamte Bereich der Werbung, der Gedanke der Marke und des Markenartikels berührt. So liegt Produktdifferenzierung auch dann vor, wenn technisch gleichartige Güter infolge verschiedener Markenbezeichnungen nicht als gleichwertig angesehen werden[20].

In engem Zusammenhang mit der sachlichen steht die personelle Differenzierung. Sie umfaßt den ganzen Komplex des good will, den ein Unternehmen genießt und der ebenso aus sachlichen wie gefühlsmäßigen Attributen zusammengesetzt ist. Die Art des Auftretens der Firma in der Öffentlichkeit, die Form der Werbung, die Tradition des Unternehmens, der oft durch jahrzehntelange Qualitätsarbeit bedingte Ruf, die menschlichen Kontakte zu dem Kundenkreis, alle diese mehr oder weniger unwägbaren Faktoren können ein Unternehmen aus dem Kreise seiner Konkurrenten herausheben und seine Produkte differenzieren. Diese Momente haben zwangsläufig umso mehr Gewicht, je weniger „informiert" der Markt ist[21]. Wir wollen in diesem Zusammenhang nicht den umstrittenen Begriff des Meinungsmonopols verwenden[22]; unzweifelhaft ist jedoch, daß mit Hilfe der Werbung eine Produktdifferenzierung beträchtlichen Ausmaßes erreicht werden kann.

Die räumliche und zeitliche Differenzierung können weniger leicht von den Unternehmen beeinflußt werden, haben aber oft entscheidendere Bedeutung, wenn sie auftreten[23].

---

[20] Vgl. Sels, L.: Wettbewerbsprobleme in der deutschen Seifen- und Waschmittelindustrie, Diss. Köln 1959, S. 143: „Die nicht gekennzeichneten Stapelwaren einer Produktengruppe erscheinen somit als annähernd homogene Güter, während die artgleichen Markenartikel und Pseudo-Marken untereinander als in starkem Maße heterogen angesehen werden müssen."

[21] Vgl. Scitovsky, T.: Ignorance as a Source of Oligopoly Power, in: Capitalism and Monopolistic Competition, AER, Vol. 40, 1 (1950), Papers and Proceedings, S. 50.

[22] Vgl. Gleiß, A.: Kartelle und Monopole, Heidelberg 1952, S. 40: „Ein Monopol ist geschaffen, soweit es gelingt, den Kunden durch Werbung davon zu überzeugen, daß es kein Substitut gibt."
Speer, W. E.: Das sogenannte Meinungsmonopol im Lichte der ökonomischen Verhaltensforschung, Diss. Köln 1957, insb. S. 207 f.
Galbraith, J. K.: American Capitalism — The Concept of Countervailing Power, London 1952, S. 105.
Abbott, L.: Qualität und Wettbewerb, a. a. O., S. 132.
Lisowski, A.: Über den Monopolcharakter des Markenartikels, MA 1951, S. 209 ff., insb. S. 213.

[23] Vgl. dazu das Problem der Marktabgrenzung in räumlicher und zeitlicher Hinsicht, S. 22 f.

Zusammenfassend läßt sich sagen, daß jede Differenzierung der Produkte die gegenseitige Abhängigkeit der Unternehmen schwächt und damit einem Gruppenzusammenschluß hinderlich ist. Wir kommen auf dieser Grundlage zu einer Übereinstimmung mit der neueren Oligopoltheorie, die die Produktdifferenzierung als eine der Ausweichmöglichkeiten für Unternehmen aus der oligopolistischen Interdependenz bezeichnet[24].

Weiterhin lassen sich enge Berührungspunkte zu dem bereits behandelten Problem der Marktabgrenzung erkennen. Die Gleichartigkeit der Güter und die Gemeinsamkeit des Ortes und der Zeit, die einen einheitlichen Markt schaffen, sind auch für die Bildung einer Unternehmensgruppe unerläßlich. Es wird von uns allerdings keine Entscheidung darüber verlangt, wann ein Produkt soweit differenziert ist, daß es keine Gruppenbildung mehr zuläßt, etwa analog zu der im Schrifttum zum GWB geforderten Entscheidung über die Grenzen eines Marktes. Die Ausführungen über die gemeinsamen Merkmale geben lediglich Anhaltspunkte für das Entstehen von Gruppen, beinhalten jedoch keine Entscheidung über deren Vorhandensein. Die Gleichartigkeit der Güter ist zwar eine Bedingung, die den Zusammenschluß von Unternehmen zu einer Gruppe begünstigt, jedoch nicht die einzige. So kann eine Differenziertheit der Güter von anderen Gemeinsamkeiten der Unternehmen überspielt werden, oder es kann sich trotz gleichartiger Produkte mehrerer Unternehmen nur ein Teil von ihnen, die besondere Merkmale aufweisen, zu einer Gruppe zusammenschließen.

Solche Gemeinsamkeiten können z. B. in der inneren Organisation der Unternehmen liegen, so daß sich unter Umständen die Kapitalgesellschaften eines Wirtschaftszweiges als Gruppe gegenüber den Personalgesellschaften fühlen. Auch in der gleichartigen Finanzkraft der Unternehmen kann der Grund für einen Gruppenzusammenschluß liegen. Ebenso begünstigt eine gleiche oder ähnliche Kostenstruktur das Entstehen von Gruppenbewußtsein. — Alle Merkmale, die einer Gruppenbildung förderlich sein können, aufzuführen, dürfte kaum möglich sein. Sie gehen aber, das läßt sich sagen, weit über die Gleichartigkeit der Produkte hinaus.

Auf eine Tatsache müssen wir jedoch hinweisen, die mit keiner mathematischen oder graphischen Methode der Marktuntersuchung, wie Elastizitätskoeffizienten, erfaßt werden kann. Die gefühls- oder abstammungsmäßigen, die rein menschlichen Gemeinsamkeiten der Unternehmer können in viel stärkerem Maße ein solidarisches Verhalten bewirken, als es sich aus sonstigen gemeinsamen Merkmalen ergeben muß. Ein Beispiel hierfür ist die oft langsam oder gar nicht zustande-

---

[24] Vgl. Röper, B.: Die Konkurrenz und ihre Fehlentwicklungen, Berlin 1952, S. 202.

kommende Einbeziehung neu am Markt auftretender ausländischer Wettbewerber in die bestehende Gruppe inländischer Unternehmen.

Je gleichartiger die Merkmale der Gruppenmitglieder sind, desto stärker ist die gegenseitige Beeinflussung innerhalb der Gruppe, desto intensiver ihre Reaktionsverbundenheit[25], desto ausgeprägter kann aber auch ihr Solidaritätsgefühl sein. Das ist als erstes Ergebnis festzuhalten.

b) Zielkonformität der individuellen Wirtschaftspläne

Gemeinsame Merkmale von Unternehmen sind zwar eine notwendige, jedoch keine hinreichende Bedingung für das Entstehen einer Gruppe. Gemeinsamkeiten, wie wir sie beschrieben haben, können sich nach Hofstätter[26] in einem „reinen Nebeneinander" erschöpfen: Die betreffenden Subjekte stellen eine Menge dar, keine Gruppe. Soll die Umwandlung vollzogen werden, dann muß eine Motivation vorhanden sein[27]. Eine Menge kann z. B. dadurch aktiviert werden, „daß sämtliche Anwesenden durch ein Ereignis gemeinsam betroffen werden"[28]. In einer solchen Situation kann es entweder zur Ausbildung einer unstrukturierten Masse kommen, oder „zu einer Strukturierung der anwesenden Menge im Sinne einer Gruppe"[29].

Für Unternehmen sind die Furcht vor ruinöser Konkurrenz und die höhere Bewertung der Sicherheit gegenüber der individuellen Gewinnmaximierung Triebfedern zu einer Gruppenbildung[30]. Das Ziel der Unternehmen ist dann nicht mehr in erster Linie höchstmöglicher Gewinn jedes einzelnen, sondern eher die Gewinnmaximierung der Gruppe: je größer der gemeinsame „Kuchen", desto größer auch der Anteil, den jedes Unternehmen davon erhalten kann[31].

---

[25] Vgl. Hofstätter, P. R.: Gruppendynamik, a. a. O., S. 118: „In der homogenen Wir-Gruppe erreicht dieser Einfluß (des Verhaltens eines Individuums auf das anderer, d. Verf.) maximale Stärke, während er sich in der differenzierten Wir-Gruppe innerhalb systembedingter Grenzen hält."
[26] Hofstätter, P. R.: Gruppendynamik, a. a. O., S. 22.
[27] Vgl. Hartley, E. H. und R. E. Hartley: Die Grundlagen der Sozialpsychologie, a. a. O., S. 275.
[28] Hofstätter, P. R.: ebenda, S. 23.
[29] Hofstätter, P. R.: ebenda, S. 23.
[30] Vgl. Gutenberg, E.: Grundlagen der Betriebswirtschaftslehre, Bd. 2, a. a. O., S. 277.
Gutenberg nennt die Herausbildung von Quasi-Kartellen eine Folge der starken absatzpolitischen Interdependenz.
[31] Vgl. Bain, J. S.: Price Theory, New York 1952, S. 276: „... the several sellers in an oligopoly have an obvious common interest in maximizing the *joint profit* which together they receive from the industry."
Ohm, H.: Oligopolistische Preisführerschaft und Kartellgesetz, a. a. O., S. 22.
Fellner, W.: Competition among the Few, a. a. O., S. 130 ff.
Gutenberg, E.: Grundlagen der Betriebswirtschaftslehre, Bd. 2, a. a. O., S. 277.

Diese Schilderung soll allerdings nicht den Eindruck völliger Problemlosigkeit erwecken. Das beschriebene Gruppenziel ist durchaus nicht unantastbar und die Gruppe selbst daher nicht für alle Zeiten konstituiert und festgefügt. Innerhalb einer Gruppe können Zielkonflikte erwachsen, die wir im folgenden beleuchten wollen.

Das Ziel der Gruppe, die gemeinsame Gewinnmaximierung, ist in sich nicht eindeutig. Die Geister können sich bereits scheiden bei der Frage, ob eine long-run oder short-run Gewinnmaximierung angestrebt werden soll[32]. Trotz der gemeinsamen Basis kann es daher zu Reibungen zwischen den Gruppenangehörigen kommen. Aber selbst wenn diese Entscheidung gefallen ist, läßt sich der für die Gruppe vorteilhafteste Preis nicht einwandfrei fixieren, allein infolge der unterschiedlichen Kostenstrukturen der Unternehmen. Der Gruppe stellt sich somit das gleiche Problem wie jedem Preiskartell. Die Festsetzung des Preises geht in beiden Fällen auf Verhaltensweisen zurück, die die Unternehmen als Mitglieder einer Gruppe, sei sie nun formal oder informal, ausweisen[33].

Für jedes Gruppenmitglied besteht weiterhin außer dem Ziel der gemeinsamen auch das der individuellen Gewinnmaximierung. Die Aufteilung des Gruppengewinns unter die Mitglieder, d. h. die Entwicklung der Marktanteile, ist daher ein Streitgegenstand ersten Ranges[34]. Die Konfliktmöglichkeit zwischen den Unternehmen bleibt latent, der Antagonismus zwischen Gruppen- und Eigenziel kann jederzeit zu einem Auseinanderfallen der Gruppe führen. So hält Fellner zwar eine Verständigung über die gegenwärtige relative Stärke der Unternehmen für möglich, nicht aber eine Verständigung über die unvorhersehbare zukünftige relative Marktmacht. Daher müsse sich jedes Unternehmen jederzeit zur Verteidigung gegen aggressive Maßnahmen der Konkurrenzfirmen bereithalten und gegebenenfalls auch selbst solche Schritte unternehmen[35].

Die Unternehmen beobachten mit Argwohn die Entwicklung der Marktanteile und Gewinne innerhalb der Gruppe. Verschiebungen ber-

---

[32] Vgl. Arant, W. D.: Competition of the Few among the Many, QJE, Vol. 70 (1956), S. 342.
Vgl. auch die Diskussion der verschiedenen Arten „maximalen Gewinns" bei Katona, G.: Das Verhalten der Verbraucher und Unternehmer, a. a. O., S. 241 ff.

[33] Vgl. Gutenberg, E.: Grundlagen der Betriebswirtschaftslehre, Bd. 2, a. a. O., S. 275 ff.

[34] Vgl. Bain, J. S.: Price Theory, a. a. O., S. 277: „This is essentially an attitude of fundamental antagonism with respect to the shares of the combined industry profit which each seller is to receive."

[35] Fellner, W.: Collusion and its Limits under Oligopoly, in: Capitalism and Monopolistic Competition, AER, Vol. 40, 1 (1950), Papers and Proceedings, S. 56 ff.

gen immer eine Gefahr für den Bestand der Gruppe in sich, wie auf der anderen Seite verhältnismäßig konstante relative Gewinne und Marktanteile auf vorhandenes Gruppenbewußtsein schließen lassen[36].

Unseren weiteren Darlegungen in gewissem Sinne vorgreifend, müssen wir an dieser Stelle noch ein anderes Störungselement behandeln. Cyert und March[37] weisen darauf hin, daß in Industrien, in denen dominierende Preisführerschaft herrscht, der Marktanteil des Preisführers einen ständig sinkenden Trend zeigt. Die „dominant firm" wächst zwar, aber mit einer niedrigeren Rate als die kleineren Firmen zusammengenommen. Es ist durchaus denkbar, daß dieses Unternehmen zu irgendeinem Zeitpunkt die Gruppe sprengt, um aus der verhängnisvollen Entwicklung auszubrechen.

Jedoch nicht nur die Marktanteile der Gruppenmitglieder können der Stein des Anstoßes sein, sondern in gleichem Maße die Anteile der nicht zu der Gruppe gehörenden Konkurrenzunternehmen[38]. Das Vorhandensein von Außenwettbewerb ist eine wesentliche Quelle von Zielkonflikten für die Unternehmen einer Gruppe. Unternehmen, die nicht durch Solidaritätsgefühle in ihrem Handeln eingeengt sind, können eine derartig günstige Entwicklung nehmen, daß die Gruppenmitglieder in ernste Konflikte über die Zweckmäßigkeit ihres Handelns geraten. In einer solchen Situation wird die Gruppenordnung zu einer Zwangsjacke, die abzuwerfen eine große Versuchung darstellt. Starker Außenwettbewerb läßt auf die Dauer nur zwei Lösungsmöglichkeiten zu: entweder den Zerfall der Gruppe oder die Absorbierung der gefährlichen Wettbewerber von der Gruppe. Je weniger es der Gruppe gelingt, den Mitgliedern eine Befriedigung ihrer persönlichen Motive, d. h. die Verbindung von Sicherheit und zufriedenstellender wirtschaftlicher Entwicklung, zu bieten, desto gefährdeter ist der Gruppenzusammenhalt[39]. Die Gefahrenmomente für den Bestand der Gruppe verstärken sich insbesondere in Zeiten sinkender Nachfrage.

---

[36] Vgl. Bartholomeyczik, H.: Marktbeherrschende Unternehmen, a. a. O., S. 521.
Katona, G.: Das Verhalten der Verbraucher und Unternehmer, a. a. O., S. 244 f.: „Möglich ist aber, daß einige Unternehmer ihren Erfolg primär nach ihrem relativen Umsatz (d. h. nach ihrem Marktanteil) bemessen und nicht so sehr nach den erzielten Gewinnen."

[37] Cyert, R. M. und I. G. March: Organizational Factors in the Theory of Oligopoly, QJE, Vol. 70 (1956), S. 60.

[38] Vgl. die Pressemeldung (Preisbindung für Heizöfen gekündigt, Die Welt, Nr. 234, v. 8. 10. 1959), nach welcher 10 Herstellerbetriebe für Heizöfen die Gruppe der preisbindenden Unternehmen verließen. „Als Grund für die Kündigung der Preisbindung wird von den zehn Firmen angegeben, daß die Preisbindung in der letzten Zeit lückenhaft geworden sei und daß die freien Hersteller ihren Marktanteil auf Kosten der preisgebundenen Öfen erhöhen konnten."

[39] Vgl. Newcomb, Th. M: Sozialpsychologie, a. a. O., S. 572.

Weiterhin kann das Zusammengehörigkeitsgefühl der Unternehmen abgeschwächt sein, wenn die Reaktionsverbundenheit nicht sonderlich intensiv ist. Eine Lockerung der wechselweisen Abhängigkeit wird durch eine Differenzierung der Produkte erreicht, wie wir bereits gesehen haben. Am auffälligsten ist in einer solchen Marktsituation, daß unterschiedliche Preise nicht sofort eine völlige Abwanderung der Nachfrage zu dem billigsten Produkt auslösen. Ein Unternehmen, das in dieser Weise trotz höherer Preise nicht alle Kunden verliert, besitzt aufgrund seines „akquisitorischen Potentials"[40] einen autonomen Bereich, „der frei ist von Konkurrenzreaktionen"[41]. „Je mehr sich die Eigenschaften der miteinander konkurrierenden Waren gleichen Verwendungszweckes voneinander unterscheiden, je mehr sie sich also individualisieren und Präferenzen wirksam werden", desto mehr rücken die Grenzpreise, die den monopolistischen Bereich abstecken, auseinander[42].

Alle diese Hindernisse, die dem ursprünglichen Gruppenziel zuwiderlaufen, sind zwar zu berücksichtigen, dürfen aber nicht überbewertet werden. Die Furcht vor einem erbitterten Wettbewerbskampf trägt eine hinreichende Chance zur Koordinierung der Marktstrategie in sich, so daß gerade für solche Situationen die Formulierung von Machlup gilt: „The will to compete was never strong where the chance for combining was good. The spirit of competition prevails only where there is little chance for successful combinations among competitors"[43].

c) Kontinuität des Gruppenbewußtseins

Die Kohäsion einer Gruppe ist wesentlich von der Kontinuität des Gruppenbewußtseins abhängig[44]. Eine Gruppe, die längere Zeit unver-

---

[40] Vgl. Gutenberg, E.: Grundlagen der Betriebswirtschaftslehre, Bd. 2, a. a. O., S. 248: „Dieser Begriff besagt, daß das eine Unternehmen von bestimmten Käuferschichten vor anderen Unternehmen bevorzugt wird, weil standortliche, sachliche oder persönliche Präferenzen in jeweils größerem oder geringerem Maße wirksam sind und die Kaufentscheidungen der Käufer maßgeblich mitbestimmen."

[41] Gutenberg, E.: ebenda, S. 250.
Vgl. weiterhin Galbraith, J. K.: American Capitalism — The Concept of Countervailing Power, a. a. O., S. 105.
Machlup, F.: Evaluation of the Practical Significance of the Theory of Monopolistic Competition, AER, Vol. 29 (1939), S. 230: „Product differentiation is certainly a factor of major importance. It prevents the sellers — each of any member of sellers — from having the feeling of perfect elasticity of demand for their products, i. e. from believing that they would lose, at a stroke, all customers if they tried to charge a higher price for their product."

[42] Gutenberg, E.: ebenda, S. 209.

[43] Machlup, F.: The Basing-point System, Philadelphia-Toronto 1949, S. 35.
Vgl. auch Eucken, W.: Grundsätze der Wirtschaftspolitik, Hamburg 1959, S. 37.

[44] König, R.: Gruppe, a. a. O., S. 106.

ändert besteht, kann sicherlich in stärkerem Maße Wir-Gefühle und das Bewußtsein der Zusammengehörigkeit hervorrufen als eine solche, die einem schnellen Wechsel des Entstehens und Vergehens ausgesetzt ist. Eine kontinuierliche Gruppenwirkung begünstigt zudem eine Rollenspezialisierung und die Herausbildung von Verhaltensformeln, von Gewohnheiten, von habitualisiertem Verhalten[45], auf die es in unserer Untersuchung entscheidend ankommt.

Auf die Bedeutung der Kontinuität für das gruppenbewußte Verhalten von Unternehmen wird mit anderen Worten auch in den Werken der Oligopoltheoretiker und der Kommentatoren des § 22 Abs. 2 GWB hingewiesen.

Machlup bezeichnet Tradition oder übereinstimmende Gebräuche als die erste Form eines Zusammenspiels zwischen Unternehmen[46]. Die Verhaltensweisen der Unternehmen werden von den Erfahrungen der Vergangenheit beeinflußt[47]. Sie führen zu einer Stärkung des Gruppenbewußtseins, wenn sie das Vorhandensein einer verhaltensintegrierenden Ordnung[48] bestätigen. Die Kohäsion innerhalb der Unternehmensgruppe ist umso stärker, je weiter die Erfahrungen in die Vergangenheit zurückreichen und je übereinstimmender sie sind. Von entscheidender Bedeutung wird damit das Alter bzw. das Reifestadium der Industrie[49].

Umwälzungen jeder Art, vor allen Dingen aber des technischen Fortschritts und der Nachfrage, können die bestehende Gruppenordnung als überholt erscheinen und auseinanderbrechen lassen. In einem solchen Falle kann es sehr lange dauern, bis sich eine Gruppe gleicher Festigkeit neu gebildet hat. Die Zeit ist bei informalen Gruppen, mit denen wir es zu tun haben, noch höher zu veranschlagen als bei formalen.

Eine gleichmäßige Entwicklung und eine lange Tradition von Industrien begünstigen sowohl die Bildung eines Kartells als auch den Zusammenschluß zu einer informalen Gruppe, so daß wir Untersuchungen über die Kartellierungsfähigkeit von Wirtschaftszweigen verwerten können. So ist die Schwerindustrie nicht nur ein bevorzugtes Feld der

---

[45] Vgl. Scherhorn, G.: Bedürfnis und Bedarf, Berlin 1959, S. 70.
Katona, G.: Das Verhalten der Verbraucher und Unternehmer, a. a. O., S. 278 f.

[46] Machlup, F.: The Economics of Sellers' Competition, Baltimore 1952, S. 440.

[47] Vgl. Gutenberg, E.: Grundlagen der Betriebswirtschaftslehre, Bd. 2, a. a. O., S. 66.

[48] Hofstätter, P. R.: Gruppendynamik, a. a. O., S. 40.

[49] Vgl. Röper, B.: Die vertikale Preisbindung ist kein Kartellersatz, WuW 1957, S. 306: „Bei der weiten Verbreitung des Markenartikels und dem Vorherrschen der Marktform Teiloligopol in der deutschen Industrie nimmt es nicht wunder, daß bei einigen Industrien, deren Marktform sich am besten als ‚reifes Oligopol mit relativ homogenen Gütern' kennzeichnen läßt, ein kartellähnliches Verhalten zu beobachten ist."

Kartelle[50], sondern trägt auch die besten Voraussetzungen für die Bildung von Gruppen solidarischen Verhaltens in sich.

Mangelnde Kontinuität des Gruppenbewußtseins ist dagegen im wesentlichen in bestimmten Entwicklungstadien der Gebrauchsgüterindustrien zu beobachten, während in den übrigen Industrien eher andere Hindernisse einer festen Gruppenbildung entgegenstehen. Wenn ein neues Gebrauchsgut auf dem Markt erscheint — die Situation in der Bundesrepublik nach dem 2. Weltkrieg war dem vergleichbar, da gewissermaßen alle Gebrauchsgüter neu auf dem Markt erschienen —, dauert es eine Zeit, bis der Kreis der Anbieter übersehbar geworden ist und eine gefestigte Form angenommen hat. Durchgreifende Neuerungen des Produktes, die einem Unternehmen zu einem Vorsprung vor den Konkurrenten verhelfen, sind nichts Überraschendes, fordern aber das Bemühen heraus, zu dem vorpreschenden Unternehmen aufzuschließen. Auf diese Weise entwickeln sich die Produkte bis zu einem Punkt weitgehenden technischen Ausgereiftseins, ohne daß die Chance einer Gruppenbildung der betreffenden Unternehmen sonderlich groß wäre. Auch in der weiteren Entwicklung verspüren die Unternehmen kaum Neigung, ein Gruppenbewußtsein zu entwickeln, da genügend potentielle Käufer vorhanden sind, so daß die Vermeidung ruinösen Wettbewerbs als Ziel der Gruppe nicht im Vordergrund steht. Falls die Menge der Unternehmen zu einer Gruppe aktiviert wird, sind die in ihr entwickelten Verhaltensnormen von anderer Art als diejenigen einer Gruppe von Unternehmen, die sich im härtesten Wettbewerb befinden.

Erst bei zunehmender Marktsättigung — interessierte Kreise pflegen in dieser Situation nach einer Ordnung des Marktes zu rufen — wird die Bedrohung durch den Wettbewerb spürbar und die Chance gleichgerichteten Handelns der Unternehmen in einer Gruppe größer. Bei bestehendem Überangebot wird jedoch z. T. ein Ausscheidungswettbewerb Platz greifen, bevor die Unternehmen sich wirklich als Gruppe zu fühlen beginnen. Bis zu einem solchen Zeitpunkt kann man kaum von einer Kontinuität der Gruppe sprechen. Erst wenn eine Industrie diese Entwicklung hinter sich hat, wenn sie „mature" — reif — ist, kann man mit einer einigermaßen gleichbleibenden Entwicklung und daher mit einer Kontinuität des Gruppenbewußtseins rechnen.

---

[50] Stitz, H.: Die Voraussetzungen der Monopolbildung in der Schwer- und Fertigwarenindustrie bis zum Jahre 1933, Diss. Köln 1936, S. 48: „In der Schwerindustrie ist die technische Entwicklung verhältnismäßig ruhig und gradlinig, da grundlegende Umwälzungen nicht gerade überraschend und gleichsam über Nacht eintreten, das Produkt das gleiche bleibt und in seiner Ausgestaltung und seiner äußeren Form keinen wesentlichen Änderungen unterworfen ist. Auch die Produktionsmenge ist verhältnismäßig leicht zu übersehen und infolge der natürlichen Begrenzung des Rohmaterials ziemlich gleichmäßig."

Die Kontinuität des Gruppenbewußtseins bleibt auch erhalten, wenn eine formale Gruppe, ein Kartell, durch die Gesetzgebung zwangsweise in eine informale Gruppe umgewandelt wird[51].

d) Kommunikation innerhalb der Gruppe

Ein wesentliches Moment innerhalb jeder sozialen Gruppe ist die Kommunikation[52]. Sie fördert einmal den Zusammenhalt der Gruppe und zum anderen stellt sie eine unerläßliche Bedingung für das Erreichen bestimmter Gruppenziele dar. Gerade in Unternehmensgruppen ist der Austausch von Nachrichten und Informationen und das Überzeugtsein von ihrer Richtigkeit und Echtheit absolut notwendig. Die Kommunikation und die Akzeptierung ihres Inhalts sind Voraussetzungen für den Bestand der Gruppe und für die Erfüllung ihres Zwecks.

Das läßt sich an folgendem Beispiel darstellen. Nehmen wir an, ein Unternehmen der Gruppe verzichtet auf eine Preissenkung, um Erscheinungen der ruinösen Konkurrenz zu vermeiden. Wissen die übrigen Unternehmen nichts von diesem Wettbewerbsverzicht, d. h. besteht für sie weiterhin Unsicherheit über das Verhalten des Konkurrenten, ist die Gefahr keineswegs beseitigt. Das betreffende Unternehmen müßte also seine Absicht bekanntmachen. Es wäre jedoch der Fall denkbar, daß die Konkurrenzunternehmen zwar diese Absicht zukünftiger Preisstabilität vermerken, sie jedoch für vorgetäuscht und unwahr halten. Das Ziel der Gruppe rückt demnach erst dann in greifbare Nähe, wenn die Gruppenmitglieder die Verlautbarungen des anderen auch akzeptieren und als sichere Daten in ihre Wirtschaftspläne einsetzen. Das Ziel der Gruppe läßt sich demnach umso eher erreichen, je besser jedes Unternehmen über das vergangene, gegenwärtige und zukünftige Verhalten der Konkurrenten und über deren Einstellung zu der Gruppe informiert ist.

Das deckt sich mit der Auffassung von Machlup[53], der u. a. folgende Arten der gegenseitigen Steuerung unternehmerischer Verhaltensweisen, die er unter dem Begriff „collusion" zusammenfaßt, aufführt: Informelle Meinungsäußerungen über die Fairness bestimmter Praktiken

---

[51] Vgl. Bartholomeyczik, H.: Marktbeherrschende Unternehmen, a. a. O., S. 518.
Röper, B.: Die vertikale Preisbindung ist kein Kartellersatz, a. a. O., S. 297 f.: Röper führt an dieser Stelle paralleles Verhalten darauf zurück, daß es sich um „reife Oligopole" mit einer „jahrzehntelangen Karteltradition, wie z. B. die Industrien der Fahrzeugreifen, Treibstoffe und Schaumweine" handelt.

[52] Vgl. Hartley, E. H. und R. E. Hartley: Die Grundlagen der Sozialpsychologie, a. a. O., S. 16: „Die Bedeutung der Kommunikation ist nicht auf das individuelle Leben beschränkt, sie ist auch als die Kraft anzusehen, die den Zusammenhalt von Gruppen ermöglicht."

[53] Machlup, F.: The Economics of Sellers' Competition, a. a. O., S. 440 f.

oder über die Geschäftsmoral, mit der Folgerung, zu diesen Forderungen der Fairness zu stehen; Ankündigungen der Firmen mit der Verpflichtung, sie auch zu befolgen; Ankündigungen der Verbände, in denen die Unternehmen zusammengeschlossen sind, und die Erklärung der Unternehmen, sie durch sofortige Beachtung anzuerkennen; informelle Gespräche der Vertreter der konkurrierenden Firmen, durch die sie sich gegenseitig mit den Geschäftspraktiken ihrer Chefs bekanntmachen. —

Die Informationen über die Pläne der Unternehmen einer Gruppe können von den Unternehmen selbst, von den entsprechenden Interessenverbänden oder auch von neutralen Stellen stammen. Eine Form der Kommunikation mit Hilfe einer neutralen Stelle geht auf die Anregung des Chikagoer Rechtsanwaltes A. J. Eddy zurück[54]. Eddy propagierte die Errichtung von sog. open-price systems, von denen Engelmann vermutet, daß ihre Idee in dem Verbot der Gary Dinners wurzelt[55]. Die open-price systems sollen den Beteiligten eine größtmögliche Markttransparenz verschaffen. Das geschieht dadurch, daß die Unternehmen einer neutralen Stelle oder dem zuständigen Verband ihre Preislisten, die erzielten Preise oder die abgegebenen Angebote melden[56].

Dieses System ist in der Bundesrepublik in einer Anzahl von Wirtschaftszweigen üblich, wie das Bundeskartellamt in seinem ersten Jahresbericht mitteilt[57]. Innerhalb der Montanunion spielt das System sogar auf internationaler Ebene eine bedeutende Rolle, da die von dem Vertrag betroffenen Hersteller ihre Preislisten der Hohen Behörde in Luxemburg einreichen müssen[58].

Die Informationen, die der Meldestelle gegeben werden, dürfen sich in verschiedenen Ländern aufgrund einer entsprechenden Kartellgesetzgebung nur auf Marktdaten der Vergangenheit beziehen, also keine Angaben über zukünftige Preise oder gar Empfehlungen für die Wettbewerber enthalten[59].

---

[54] Vgl. Engelmann, F.: Der Kampf gegen die Monopole in den USA, Berlin-Tübingen 1951, S. 101.

[55] Engelmann, F.: Der Kampf gegen die Monopole in den USA, a. a. O., S. 101: Als Gary Dinners wurden die Zusammenkünfte der leitenden Männer der Stahlindustrie in den USA bezeichnet, „in denen jeweils die zukünftige Preispolitik der Stahlindustrie behandelt worden war und die im Jahre 1911 auf Veranlassung des Supreme Court hatten eingestellt werden müssen."

[56] Vgl. Menze, H.: Open Price System und das GWB, WuW 1958, S. 98 f.
Vgl. auch Müller-Henneberg, H.: Unwirksamkeit von Kartellverträgen und Kartellbeschlüssen, in: derselbe/Schwartz, G.: Kommentar zum GWB, S. 177 f.

[57] Bericht des Bundeskartellamtes über seine Tätigkeit im Jahre 1958 sowie über Lage und Entwicklung auf seinem Aufgabengebiet, a. a. O., S. 39.

[58] Vertrag über die Gründung der Europäischen Gemeinschaft für Kohle und Stahl, BGBl. II S. 447 Art. 60 § 2.

[59] Vgl. Müller, H. und G. Gries: Kommentar zum GWB, a. a. O., S. 258 f.

Ein allgemein geläufiges Argument für ein solches System ist, daß sich erst bei genügender Markttransparenz ein wirklicher Wettbewerb entwickeln kann. Die Möglichkeit einer Verstärkung des Wettbewerbs ist zweifellos gegeben. Ob sich diese Möglichkeit jedoch verwirklicht, ist ganz allein eine Frage der Mentalität der Marktbeteiligten.

Eine Angleichung der Preise in Richtung auf das günstigste Angebot wird sich sicherlich schneller vollziehen, wenn die Käufer eine bessere Übersicht über die Geschäftsbedingungen der Anbieter haben. Was bedeutet jedoch Markttransparenz für die Anbieter?

Menze vertritt die Ansicht, der wir zustimmen, daß open-price system und Preisabsprache „grundsätzlich zwei voneinander unabhängige Dinge sind"[60]. Beides kann gleichzeitig vorhanden, muß aber keineswegs immer gekoppelt sein. Wesentlich für die Beantwortung der Frage ist auch nicht, „daß sich auf der Grundlage der Zusammenarbeit im Rahmen des OPS eine Preisabsprache wahrscheinlich leichter in die Wege leiten und durchführen ließe, als wenn der infrage kommende Firmenkreis erst organisatorisch verbunden werden müßte"[61].

Weitaus bedeutsamer erscheint uns die Tatsache, daß die echten Wettbewerb kennzeichnende Ungewißheit über die Handlungen der Konkurrenten zum Teil aufgehoben wird. Das open-price system ermöglicht zwar in den meisten Fällen keine Informationen über zukünftige Aktionen der Wettbewerber, zumindest wird aber die Ungewißheit über Marktmaßnahmen der unmittelbaren Vergangenheit beseitigt. Die Unternehmer können diese Daten mit einer ohne das System nicht vorhandenen Sicherheit in ihre Planungen einbeziehen. Nur vor diesem Hintergrund ist das Bestreben der Unternehmer, derartige Meldestellen einzurichten, überhaupt zu verstehen.

Auch die sog. Umsatzmeldestellen[62] haben neben der Aufgabe, als Grundlage für ein Gesamtumsatzrabattkartell zu dienen, einen in diese Richtung weisenden Sinn. Sie ermöglichen eine genaue Kontrolle der Geschäftsentwicklung durch die Unternehmen der Gruppe. Die Anbieter haben somit die Möglichkeit, sich zu vergewissern, ob sich die Konkurrenten in dem vergangenen Zeitraum, auf den sich die Umsatzmeldungen beziehen, so verhalten haben, wie es von einem Mitglied der Gruppe erwartet wird. Eine gleichmäßige Entwicklung, bzw. eine Konstanz der Marktanteile erleichtert das Akzeptieren zukünftiger Ankündigungen der einzelnen Unternehmen und erhöht die Sicherheit. Markttransparenz auf seiten der Anbieter ist demnach keineswegs eine Garantie

---

[60] Menze, H.: Open Price System und das GWB, a. a. O., S. 102.
[61] Menze, H.: ebenda, S. 103.
[62] Von dem zuständigen Verband oder einer neutralen Stelle werden die Umsätze der einzelnen Hersteller erfaßt, ggf. auf Grund der Meldungen des Handels zur Errechnung des Gesamtumsatzrabattes.

für scharfen Wettbewerb, sondern ein Faktor, der der Entwicklung von Gruppenbewußtsein dient, indem er den beteiligten Unternehmen Klarheit über das Verhalten der Konkurrenten und dadurch Sicherheit verschafft. Eine gute Kommunikation zwischen den Unternehmen einer Gruppe ist also eine Hilfe, das Ziel der Gruppe zu erreichen, zumindest wenn sich durch die Möglichkeit einer Kontrolle soviel Vertrauen innerhalb der Gruppe entwickelt, daß die Informationen möglichst vorbehaltlos akzeptiert werden[63].

Ausreichende Kommunikation und weitestgehendes Akzeptieren der erhaltenen Informationen erweisen sich nach diesen Ausführungen als wichtige Fakten für eine Gruppe von Unternehmen, die die Absicht hat, dem Wettbewerb seine Schärfe zu nehmen.

e) Die Abgeschlossenheit der Gruppe gegenüber neuen Wettbewerbern

Da gruppendynamische Untersuchungen bis jetzt vorwiegend „im Laboratorium"[64] vorgenommen worden sind, ist das Problem der Abgeschlossenheit der Gruppe relativ wenig beachtet worden. Für uns dagegen ist es von eminenter Wichtigkeit, wie die Diskussion der Markteintrittsmöglichkeiten in der wirtschaftswissenschaftlichen Literatur zeigt.

Der freie Marktzugang wird neben der Substitutionsgüterkonkurrenz als Mittel von größtem praktischen Interesse für die Verhinderung eines Mißbrauches starker Marktstellungen betrachtet[65]. Machlup hat für die Möglichkeit, in rentable Industrien einzudringen, den Ausdruck „Pliopol" geprägt[66]. In der Tat wäre es unter dem Gesichtspunkt der Gruppensolidarität besser, eine Unterscheidung der Marktsituationen nach der Schwierigkeit des Marktzugangs vorzunehmen als nach der Zahl der Anbieter.

---

[63] Vgl. Hofstätter, P. R.: Gruppendynamik, a. a. O., S. 166: „Sofern die Kommunikation unterbleibt, kann man auch nicht eigentlich von einer leistenden Gruppe sprechen; daß kommuniziert werde, ist die conditio sine qua non des Gruppendaseins."

[64] Hofstätter, P. R.: Gruppendynamik, a. a. O., S. 43 ff.

[65] Vgl. Ohm, H.: Oligopolistische Preisführerschaft und Kartellgesetz, a. a. O., S. 25.
Scitovsky, T.: Ignorance as a Source of Oligopoly Power, a. a. O., S. 48.
Wessels, Th.: Unternehmungszusammenschlüsse (II) Wirtschaftliche Problematik, Handwörterbuch der Sozialwissenschaften, Bd. 10, S. 553. Nach Wessels hängt das Gelingen einer Kartellgründung „nicht zuletzt von den Bedingungen ab, unter denen der Eintritt (entry) in einen Gewerbezweig möglich ist."
Eucken, W.: Grundsätze der Wirtschaftspolitik, a. a. O., S. 163 f.

[66] Machlup, F.: Competition, Pliopoly and Profit, a. a. O., S. 1: „In order to contrast the notion of *more* sellers entering the market with the notion of *many* sellers in the market, the term *pliopoly* might serve the purpose."

Arant schlägt stattdessen die Verwendung des Begriffes Angebotselastizität vor, um gleichzeitig die Gefahr einer Expansion der kleineren Konkurrenten, die bereits am Markt sind, zu erfassen[67].

Unsere Betrachtung folgt praktisch dieser Auffassung, da es uns darum geht, die Tatbestände aufzuzeigen, die eine Abgeschlossenheit der Gruppe gegenüber neuen Wettbewerbern bewirken, die eine echte Bedrohung für die Gruppenmitglieder darstellen. Die Gefahren für die Gruppe können also in einer stärkeren Entwicklung kleinerer Konkurrenten, dem Aufkommen völlig neuer Unternehmen und dem Eindringen bereits existierender Unternehmen in den Markt der Gruppe bestehen[68]. Die letzte Form wird im allgemeinen als die in unserer Wirtschaft wichtigste hingestellt, von der man am ehesten ein wirksames Einbrechen in bestehende Gruppen erwarten kann[69].

Die Hindernisse, die sich neuen Wettbewerbern entgegenstellen, können mannigfaltiger Art sein:[70]

1. gesetzlich, durch Verhinderung ausländischer Konkurrenz, durch Patente, Gebrauchsmusterschutz, Privilegien u. ä.;
2. natürlich; durch das Erfordernis ausreichender Rohstoffe;
3. produktionstechnisch;
4. absatztechnisch;
5. hervorgerufen durch eine bestimmte Käufermentalität;
6. bewußt herbeigeführt durch die Gruppe.

Die vom Gesetzgeber errichteten Hindernisse sind von großer Wichtigkeit für jede Industrie. Bei der Bedeutung, die derartige Gesetze für die Erhaltung des Wettbewerbs haben, lohnte sich sicherlich eine Durchforstung und Beschränkung der Schutzmaßnahmen.

---

[67] Arant, W. D.: Competition of the Few among the Many, a. a. O., S. 337.
[68] Vatter, H. G.: Small Enterprise and Oligopoly, Corvallis, Oregon 1955, S. 77: „It suggests that new entry in new industries may consist largely of commodity-extensions of large firms in other established industries; and that successful, i. e., *effective* new entry in established industries may take the form, in the main, of commodity-extensions and price-class extensions by established firms — usually by the leaders of the latter group."
[69] Vgl. Knauth, O.: Business Practices, Trade Position, and Competition, a. a. O., S. 123: „The great concerns do not, as Alfred Marshall said, mature and decay as do trees. They are constantly diminishing or expanding into new fields. And in this process of expending they encroach on fields already occupied by others, causing others in turn to reshape their strategy."
Vgl. auch Munthe, P.: Freedom of Entry into Industry and Trade, Project Nr. 259, EPA of the OEEC, Paris 1958, S. 9.
[70] Vgl. Röper, B.: Die Konkurrenz und ihre Fehlentwicklungen, a. a. O., S. 200. Röper unterscheidet natürliche, technische, juristische und künstliche Schwierigkeiten des Marktzugangs.
Machlup, F.: The Political Economy of Monopoly, Baltimore 1952, S. 117.
Stigler, G. J.: The Theory of Price, 7. rev. ed., New York 1959, S. 222 ff.
Bain, J. S.: Discussion, in: Capitalism and Monopolistic Competition, AER, Vol. 40, 1 (1950), Papers and Proceedings, S. 66.

Die Schranken, die durch das begrenzte Vorhandensein von Rohstoffen um eine Industrie errichtet sein können, sind im allgemeinen nur mit Hilfe von Substitutionsgütern zu umgehen. Sie sind meist leicht feststellbar und daher für unsere Untersuchung relativ unproblematisch.

Große Beachtung ist im allgemeinen den Industrien zu schenken, in denen die kleinste Produktionseinheit, die noch wirksam und lohnend erzeugt werden kann, sehr groß ist[71]. Machlup führt das auf hohen Kapitalbedarf und fehlende Nachfrage für ein derartiges zusätzliches Angebot zu dem herrschenden bzw. einem nicht drastisch reduzierten Preis zurück.

Die absatztechnischen Barrieren sind zwar oft unauffälliger, aber nicht unwirksamer. Sie können ihren Grund in einer aufgeblähten non-price competition unter Vorrang der Werbung haben[72]. Vor allen Dingen die Markenartikelhersteller wissen dieses Instrument zu gebrauchen, wie Sels schildert: „Jedenfalls haben die Duopolisten (die Firmen Henkel und Sunlicht, d. Verf.), deren Reklamekosten zudem je Stück wegen der Degression der Werbekosten geringer sind, in der Außenseiterausschaltung bzw. -zurückdrängung in den letzten Jahren bemerkenswerte Erfolge erzielt"[73].

Ein weiteres Beispiel ist der Zigarettenmarkt, der das Feld beinahe gigantischer Werbekampagnen ist. Als Ergebnis zeigt sich nicht nur eine Abschreckung neuer Wettbewerber, sondern eine ernsthafte Bedrohung der kleineren Konkurrenten, die z. T. fast von der Gunst der Großen abhängig sind[74]. Diese Situation ist keineswegs auf Deutschland beschränkt, wie die Diskussion um die Zigarettenindustrie der USA beweist, die schon seit Jahrzehnten im Gange ist[75]. Das Markenbewußtsein stellt in diesem Zusammenhang ein besonderes Element dar.

---

[71] Machlup, F.: The Political Economy of Monopoly, a. a. O., S. 123: „Industries in which the smallest productive unit that can still be efficiently operated is very large are not readily entered by newcomers."

[72] Vgl. Scitovsky, T.: Ignorance as a Source of Oligopoly Power, a. a. O., S. 51: „In other words, the need for advertising in the uninformed market creates the same protection for established firms and the same obstacles to the entry of new firms as the existence of technological economies of scale."

[73] Sels, L.: Wettbewerbsprobleme in der deutschen Seifen- und Waschmittelindustrie, a. a. O., S. 190.

[74] Vgl. „Scharfer Wind weht am Zigarettenmarkt", Handelsblatt, Nr. 135 v. 21./22. 8. 1959.
Eck, E. G.: Unruhe am Zigarettenmarkt, Die Welt, Nr. 287 v. 10. 12. 1959.
„Strukturwandel", Handelsblatt, Nr. 205 v. 30. 11. 1959.

[75] Vgl. Mason, E. S.: Wasteful vs. Useful Nonprice Competition, in: Backman, J.: Price Practices and Price Policies, S. 117: „It is safe to say that in the cigarette and gasoline markets, for example, it is extremely difficult for a new firm to achieve consumer acceptance no matter what the quality of its product."

Ein weiterer Faktor ist die Integration von Vertrieb und Produktion[76]. Der gesamte Vertriebsapparat, ein aufwendiges Netz an Service und Reparaturhilfen, insbesondere für Markengebrauchsgüter, vergrößern die bereits durch die Werbung bestehenden Hindernisse.

Ein in diesem Zusammenhang interessanter Fall ist die US-amerikanische Konservendosenindustrie, in der bis 1950 spezielle Praktiken angewendet wurden, um „newcomers" von dem Geschäft abzuschneiden. Die großen Firmen stellten ihren Kunden gleichzeitig Verschlußmaschinen zur Verfügung, und zwar zu Mietsätzen, die unter den Kosten lagen. Es gab keine vertragliche Bindung zwischen den Verkäufern von Konservendosen und den Mietern der Verschlußmaschinen; die Auslaufdaten der einzelnen Kontrakte wurden jedoch so geschickt gewählt, daß man faktisch von einer Bindung sprechen kann. Kleineren Firmen war diese Methode infolge der hohen Kosten versagt[77].

Die Schwierigkeiten für neue Wettbewerber, die in der Mentalität der Käufer liegen, berühren sich teilweise mit den beschriebenen Fakten, insbesondere mit dem „Markenbewußtsein" und dem Aufwand für Service. Der Kunde glaubt, daß Qualität der Ware und Kundendienst mit der Größe der Firma parallel gehen. Je größer die Unkenntnis des Käufers bezüglich der Beschaffenheit des Produktes, desto mehr sind die bekannten Betriebe einer Industrie gegenüber neuen Konkurrenten im Vorteil. Darüber hinaus wird dem Kunden gerade von den betreffenden Firmen immer wieder vor Augen gehalten, daß ihre Güter einer besonderen Wartung und spezieller Ersatzteile bedürfen.

Scitovsky weist darauf hin, daß Kunden in einem uninformierten Markt die Produkte nach der Größe, dem Alter und dem Ruf des Herstellers — kurz, nach dem good-will — beurteilen[78]. Bormann kommt in einer Untersuchung über Markenartikel zu dem Urteil, daß sich der Verbraucher von dem Nimbus alter Firmentradition angesprochen fühle. „So herrscht die Ansicht vor, es sei im Zweifelsfalle vorteilhaft, das Produkt einer ‚alten Firma' zu kaufen. Das geht so weit, daß sich dieses Traditionsbewußtsein auch auf moderne Artikel, z. B. elektrische Haushaltsgeräte, erstreckt[79]."

---

[76] Machlup, F.: The Political Economy of Monopoly, a. a. O., S. 123: „One of the most conspicuous methods of increasing the minimum size of the efficient business unit is the integration of the distribution machinery with the production apparatus."

[77] Vgl. dazu McKie, J. W.: The Decline of Monopoly in the Metal Container Industry, in: Impact of Antitrust Laws, AER, Vol. 45, 1 (1955), Papers and Proceedings, S. 503 f.
Stauss, J. H.: Discussion, in: The Impact of Antitrust Laws, ebenda, S. 528.

[78] Vgl. zu diesem Problemkreis: Scitovsky, T.: Ignorance as a Source of Oligopoly Power, a. a. O., S. 51.

[79] Bormann, H. H.: Der Markenartikel — ein Stück Umwelt, Handelsblatt, Nr. 219 v. 18./19. 12. 1959.

Als weiteres Hindernis kann das Verhalten der Unternehmen als Gruppe auf eine Erschwerung des Marktzugangs gerichtet sein[80]. Das kann z. B. gelingen mit einer Verstopfung der Verkaufskanäle für neue Konkurrenten in der Art, wie wir sie bei der „Metal Container Industry" kennengelernt haben[81]. Ein Neuling sieht sich in einem solchen Fall dem Widerstand der gesamten Gruppe ausgesetzt. Dieses Problem wird uns noch einmal bei der Behandlung der Außenseiterposition begegnen.

Außerdem kann die Gruppe durch einen im Verhältnis zu ihrer Marktstellung niedrigeren Preis die Attraktivität der Industrie mindern[82]. Es kann jedoch für die Gruppe unter Umständen ebenso vorteilhaft sein, einen höheren Preis zu wählen und allmählich einen Teil des Marktes den neu hinzukommenden Firmen zu überlassen[83]. Das Auftreten solcher Konkurrenten infolge hoher Preise wiederum kann von der Gruppe mit einem Preiskrieg beantwortet werden[84].

Eine Abgeschlossenheit der Gruppe infolge erschwerten Marktzugangs aber schützt die Kontinuität des Gruppenbewußtseins und stärkt den Zusammenhalt.

---

[80] Vgl. Röper, B.: Ansätze zu einer wirklichkeitsnahen und dynamischen Theorie der Monopole und Oligopole, Weltw. Archiv, Bd. 67 (1951), S. 250.

[81] Eine Beschreibung solcher Praktiken findet sich bei Gleiss, A.: Kartelle und Monopole, a. a. O., S. 41.

[82] Bain, J. S.: A Note on Pricing in Monopoly and Oligopoly, AER, Vol. 39, 1 (1949), S. 463: „In summary, a considerable elaboration of the theory of monopoly and collusive oligopoly price may be implied if we assume that potential entrants to an industry are influenced by the going prices therein, and that established sellers anticipate and, if it is profitable, forestall entry."
Vgl. auch Weintraub, S.: Price Theory, New York-London 1949, S. 384 f.

[83] Stigler, G. J.: The Theory of Price, a. a. O., S. 232.

[84] Adams, W.: Competition, Monopoly and Countervailing Power, QJE, Vol. 67 (1953), S. 488: „In the Tobacco case, for example, a unanimous Supreme Court found that the exorbitant profits of the Big Three in the early thirties attracted the entry of the „10 brands"; the appearance of these venturesome newcomers precipitated a devasting price cutting campaign by the majors (which went so far that Camels and Luckies were being sold at a loss, while Liggett curtailed its normal business activities and cut its advertising to the bone); upon elimination of the new competitors, the old price and profit equilibrium of the cigarette oligopoly was successfully restored."

Kapitel III

Ausdrucksformen des Gruppenbewußtseins

1. Die Verringerung sozialer Binnendistanzen und die Vergrößerung der Außendistanzen

Der Kontakt zwischen Menschen nimmt zu, wenn sich diese einer gemeinsamen Aufgabe gegenübersehen und zu Angehörigen einer Gruppe werden; mit wachsendem Kontakt steigert sich die Sympathie der Gruppenmitglieder füreinander[1]. Sobald ein solch enger Kontakt innerhalb einer Gruppe besteht, spricht die Sozialpsychologie von geringer „sozialer Distanz".

Dieses Phänomen ist in gleicher Weise in Unternehmensgruppen zu beobachten. Die Persönlichkeiten von Unternehmen der gleichen Gruppe kommen auf gemeinsamen Veranstaltungen, im Rahmen gemeinsamer Verbandsarbeit, in Ausschüssen und Arbeitskreisen zusammen, und sie kommen sich näher. Die Kontakte zwischen den „Wettbewerbern" verstärken sich, die Berührungspunkte nehmen zu und werden auch auf die private Sphäre ausgedehnt. „Kontakt schafft menschliche Nähe[2]."

Es bilden sich Bekanntschaften oder auch Freundschaften, die nicht ohne Einfluß auf das geschäftliche Gebaren bleiben können[3]. All das bewirkt eine Verstärkung des Wir-Gefühls zwischen den Unternehmen einer gleichen Gruppe und ein ausgeprägteres Gruppenbewußtsein. Bartholomeyczik unterstreicht ebenfalls, daß das Gruppenbewußtsein unterstützt werden kann „von einem soziologischen Zusammengehörigkeitsgefühl, etwa von der Überzeugung von der besonderen Bedeutung des

---

[1] Vgl. Hofstätter, P. R.: Gruppendynamik, a. a. O., S. 154: „Bei der strukturellen Analyse von Gruppen darf man annehmen, daß Kontakt und Sympathie zueinander direkt proportional sind..."
Derselbe: Gruppendynamik, in: Psychologie, S. 155: „Kontakt und Sympathie sind interdependente Größen; das Anwachsen der einen hat eine Zunahme der anderen zur Folge."

[2] Derselbe: Einführung in die Sozialpsychologie, a. a. O., S. 313.

[3] Vgl. Machlup. F.: The Economics of Sellers' Competition, a. a. O., S. 502 ff.: „Personal and social conducts among the sellers will often facilitate cooperation and weaken competition. It is not easy to make every effort to steal customers from a friend with whom one played billiards yesterday and will drink cocktails tomorrow."

Berufsstandes für die Allgemeinheit (Verleger, Buchhändler) oder durch den gesellschaftlichen Verkehr mit sachlichem Meinungsaustausch"[4].

Die Gruppenangehörigen gewöhnen sich in einem solchen Falle daran, der Eigengruppe besondere, wertvolle Eigenschaften zuzuschreiben, die gleichzeitig der inneren Festigkeit und der Wirkung nach außen — als eine Art Werbung — dienen. Das läßt sich vor allen Dingen feststellen, wenn außerhalb der Gruppe Anbieter enger Substitutionsgüter existieren. So ist es nicht selten, daß sich die Anbieter von Markenartikeln in einer Branche als Gruppe gegenüber den Anbietern markenloser Artikel fühlen, wie es sich z. B. auf dem Mineralöl-Sektor feststellen läßt[5]. In solchen Fällen sind die Gruppenangehörigen leicht geneigt, sich Eigenschaften zuzuschreiben, die sich — über eine bloße Werbung für ihre Artikel hinausgehend — auf besondere Verdienste für die Konjunktur, die Geldwertstabilität, den Fortschritt, die gesamte Volkswirtschaft u. ä. beziehen. Die Gruppe rückt damit sehr nahe in den Bereich des Sich-als-Elite-Fühlens[6] und auch des Sich-selbst-Überschätzens. Der Erfolg aber ist nicht zuletzt eine Verstärkung des Wir-Gefühls und des Kontaktes innerhalb der Gruppe.

Die Kontakte zwischen den Unternehmen einer Gruppe sind also zugleich Folge des Zusammengehörigkeitsgefühls und Ursache seiner Verstärkung.

Die Verringerung der sozialen Binnendistanzen ist aufs engste verflochten mit einer Vergrößerung der sozialen Distanz zu Nichtangehörigen der Gruppe bzw. — was uns interessiert — in erster Linie zu Anbietern von Substitutionsgütern. So nennt Hofstätter als eine Voraussetzung einer gutintegrierten Gruppe „eine hohe Dichte des Binnenkontaktes im Verhältnis zur Dichte des Außenkontaktes"[7].

Insbesondere bei dem Vorhandensein einer Anzahl unmaßgeblicher kleiner Konkurrenten kann sich deren Kontakt zu der Gruppe der Großen in einem Maße verringern, das in keinem Verhältnis zu der Unterschiedlichkeit der Güter steht. Durch die bewußte Vergrößerung der Außendistanz wird das Gruppenbewußtsein der großen Anbieter so verstärkt, daß deren Verhalten nicht in dem Ausmaß von den Gruppennormen abweicht, wie man es entsprechend der Stärke des Wettbewerbs durch die übrigen Unternehmen erwarten könnte.

Das ist ein Punkt, auf den verstärkt hingewiesen werden muß. Eine Gruppe von Unternehmen kann einem beachtlichen Wettbewerb durch

---

[4] Bartholomeyczik, H.: Marktbeherrschende Unternehmen, a. a. O., S. 520.
[5] Vgl. „Die Konkurrenz der ‚weißen Säule"", Hannoversche Allgemeine Zeitung v. 12./13. 12. 1959.
[6] Vgl. Hofstätter, P. R.: Gruppendynamik, a. a. O., S. 155.
[7] Hofstätter, P. R.: Einführung in die Sozialpsychologie, a. a. O., S. 319.

kleinere Anbieter ausgesetzt sein und trotzdem die Gefahr interner Konkurrenz durch solidarisches Verhalten beseitigen. Dann nämlich, wenn es den Unternehmen gelingt, sich u. a. durch eine Vergrößerung der Außendistanz ein ausreichendes Gruppenbewußtsein zu bewahren.

2. Das Verhalten der Gruppenangehörigen gegenüber einem Außenseiter

Interessant ist das Verhältnis der Mitglieder einer Gruppe zu einem Außenseiter und dessen Einfluß auf die Gruppe. Hofstätter bezeichnet ihn als ein „notwendiges Ärgernis, durch das die Bestimmungsleistungen der Gruppe davor bewahrt werden, in der Belanglosigkeit zu erstarren"[8]. Der Außenseiter bringt die von der Gruppe errichteten Gewißheiten, ihre Normen, in Gefahr und zieht sich dadurch die Ablehnung und Feindschaft der Gruppenangehörigen zu. Das gilt insbesondere dann, wenn der unangetastete Bestand der Gruppennormen unabdingbar mit der Erreichbarkeit des gemeinsamen Zieles verbunden ist. Wenn eine Gruppe von Unternehmen Normen zur Vermeidung scharfen Wettbewerbs entwickelt hat, dann bedeutet der Angriff eines Außenseiterunternehmens auf diese Normen eine Gefahr für die Gruppe selbst und angesichts der latenten Bedrohung durch einen ruinösen Konkurrenzkampf eine Gefahr für die Existenz jedes einzelnen Unternehmens. Die natürliche Reaktion auf einen Außenseiter ist daher der engere Zusammenschluß der übrigen Unternehmen mit dem Ziel, seine Bekehrung oder seine Vernichtung herbeizuführen, d. h. ihn unschädlich zu machen.

Bartholomeyczik schildert die Einstellung der Gruppe so, daß von jedem Unternehmen, das die Grenze der zugebilligten Bewegungsfreiheit überschreitet, angenommen wird, es verstoße gegen den Corpsgeist. „Die Restgruppe nimmt mit ihm den Monopolkampf auf, vernichtet ihn oder verschafft ihm die Überzeugung, daß ein friedliches Nebeneinander und ein gleichförmiges Verhalten gegenüber der anderen Marktseite dem Ausbruch aus der Gruppendisziplin vorzuziehen sei"[9].

Fikentscher bemerkt zu dem Außenseiterproblem, daß es zu der Beseitigung des lästigen Unternehmens durch eine gemeinsame Vernichtungsunterbietung gar keiner gegenseitigen Verpflichtung bedarf. „Wovon man sich einen allgemeinen Vorteil verspricht, dazu braucht man sich nicht zu verpflichten[10]."

---

[8] Hofstätter, P. R.: Gruppendynamik, a. a. O., S. 71.
[9] Bartholomeyczik, H.: Marktbeherrschende Unternehmen, a. a. O., S. 520.
[10] Fikentscher, W.: Die Preisunterbietung nach neuem Wettbewerbsrecht, Der Betriebs-Berater 1958, S. 211.

Die Ergebnisse verschiedener Versuche zu der Stellung des Außenseiters faßt Hofstätter in vier Punkten zusammen, die sich unverändert auf unser Problem übertragen lassen:[11]

1. „Der Extremist wird als ein unsympathischer Mensch abgelehnt — unbeschadet seiner menschlichen Qualitäten."
2. „Die Ablehnung des Extremisten ist in starkkohärenten Gruppen deutlicher als in schwachkohärenten Gruppen."
3. „Der Extremist wird von den übrigen Gesprächspartnern sehr viel öfter angeredet... als der Konformist..."
4. „Die Durchschnittsmeinung der Gruppe verschiebt sich im Zuge der Diskussion geringfügig aber merkbar in Richtung auf die Position des Extremisten."

Die Ablehnung des Außenseiters kann entweder auf wirklicher Überzeugung beruhen oder eine „überkompensierende Intoleranz" darstellen, wenn die Mitglieder der Gruppe ihre Überzeugung so laut proklamieren müssen, „um ihren inneren Halt nicht zu verlieren"[12]. Das letztere gilt zum Beispiel dann, wenn die Unternehmen das Verlockende der Freiheit des Handelns in der Außenseiterposition sehen und der gegenseitigen Beteuerungen ihrer Festigkeit gegenüber Versuchungen bedürfen. Jedes Gruppenmitglied weiß, daß ihm die Unabhängigkeit von der Gruppenordnung als einzelnem Vorteile bringen würde, es ist ihm aber auch klar, daß die Auflösung der Ordnung durch alle Unternehmen der Gesamtheit und damit auch ihm selbst nur Schaden bringen würde. Dieser innere Zwiespalt schlägt sich in einer Ächtung des Außenseiters nieder, die Edwards als ein wesentliches Unterscheidungsmerkmal zwischen „competition" und „conspiracy" wertet[13]. Die moralische Entrüstung über das Verhalten des Außenseiters gelingt umso echter, je mehr die Gruppenangehörigen sich selbst und die Öffentlichkeit überzeugen können, wie wertvoll ihre Ziele und ihr Verhalten für die Allgemeinheit sind.

Das Angesprochen-werden des Extremisten vollzieht sich in der Wirtschaft als Diskussion in der Fachpresse, in der Sphäre des zuständigen Verbandes und wo immer sich Berührungspunkte zwischen der Gruppe und dem Außenseiter ergeben. In diesem Zusammenhang ist auch auf die Stellung des Außenseiters in der Verbandsorganisation der Gruppe, falls eine solche besteht, hinzuweisen.

---

[11] Hofstätter, P. R.: Gruppendynamik, a. a. O., S. 73.
[12] Hofstätter, P. R.: Gruppendynamik, a. a. O., S. 71.
[13] Edwards, C. P.: Distinguishing Competition and Conspiracy, in: Backman, J.: Price Practices and Price Policies, S. 244: „In a conspiracy, the failure of any member of the group to do what is expected of him is regarded as a break of faith by the other members. They greet his action with moral indignation and set out not merely to protect themselves, but also to punish him."

Das Verhalten der Gruppenangehörigen gegenüber einem Außenseiter

Die Tatsache, daß sich die Ächtung eines Unternehmens durch die Verweigerung der Aufnahme in den bzw. durch den Ausschluß aus dem Wirtschaftsverband verstärkt werden kann, hat auch ihren Niederschlag in § 27 GWB gefunden, mit dessen Hilfe das Bundeskartellamt die Aufnahme eines Unternehmens in eine Vereinigung anordnen kann[14].

Die eigentliche Funktion des Außenseiters liegt in dem Aufweichen der Gruppenordnung, in der Verstärkung des Wettbewerbs. Kommen die Gruppe und der Außenseiter zu einem Kompromiß der zwischen solidarischem Verhalten und Konkurrenzkampf liegt, so bedeutet selbst das für die Marktgegenseite noch einen Gewinn.

Angesichts dieses Sachverhaltes müßte es ein wesentliches Anliegen der Wirtschaftspolitik und vor allen Dingen des Bundeskartellamtes sein, die Position des Außenseiters zu stärken und ihn vor der Bestrafung durch die Gruppe zu schützen[15]. Das ist umso wichtiger, als der Ausbruch eines möglichen Konfliktes innerhalb der Gruppe „durch die Wahrscheinlichkeit des Zusammenschlusses der Angegriffenen gegen den Angreifer beträchtlich abgeschwächt wird"[16]. Zur Erhaltung des Wettbewerbs muß aber das Ausbrechen eines Konfliktes zwischen den Unternehmen einer Gruppe eher gefördert werden. Der Außenseiter hat insgesamt eine ähnliche Bedeutung wie neu hinzukommende Wettbewerber. Beide Positionen sind im Interesse der Volkswirtschaft zu schützen, denn hier liegen die wesentlichen Ansätze einer marktwirtschaftlich orientierten Wirtschaftspolitik, wenn man sich nicht nur auf eine Bekämpfung des Mißbrauches gruppensolidarischen Verhaltens beschränken, sondern den Wettbewerb selbst stimulieren will.

---

[14] Vgl. Müller, H. und G. Gries: Kommentar zum GWB, a. a. O., S. 192 ff.

[15] Als Beispiel dafür, wie schnell eine Bedrohung der bestehenden Ordnung durch einen Außenseiter einen verstärkten Gruppenzusammenschluß und sogar eine Einbeziehung der berührten Handelsstufen bewirken kann, mag ein Rundbrief der Arbeitsgemeinschaft des Beleuchtungs- und Elektro-Einzelhandels e. V., Düsseldorf, vom 3. 4. 1959 dienen. In dem Rundschreiben wird zu der Kündigung der Preisbindung für einige Kühlschrankmodelle durch die Firmen Liebherr und Brown, Boveri & Cie. Stellung genommen. Es heißt dort u. a.: „Wir haben mit den maßgebenden Kühlschrankherstellern uns fernmündlich über die Situation unterhalten. Sie wollen die Preisbindung unbedingt beibehalten. Sie erwarten aber vom Fachhandel, daß das Verhalten von Firmen, die die Preisbindung willkürlich aufgehoben haben und damit das Ordnungsgefüge auf dem Kühlschrankmarkt erschüttern, nicht noch durch großzügige Dispositionen des Fachhandels belohnt werden."

[16] Röper, B.: Ansätze zu einer wirklichkeitsnahen und dynamischen Theorie der Monopole und Oligopole, a. a. O., S. 250.

Kapitel IV

Gruppenzusammenhalt und Marktgegenseite

1. Markttransparenz der Käufer als Förderer des Wettbewerbs

Im folgenden soll untersucht werden, welche Einflüsse von der Marktgegenseite auf die Gruppe der Anbieter ausgehen können.

Die Bedeutung der Markttransparenz ist von der ökonomischen Theorie hinreichend behandelt worden. So nimmt sie z. B. einen wichtigen Platz unter den Prämissen des vollkommenen Marktes ein[1]. Fehlende Kenntnis der Käufer über die Preise, Qualitäten und sonstigen Geschäftsbedingungen der Anbieter verhindert die sofortige Reaktion der Nachfrager und belohnt daher nicht in dem gewünschten Maße das Unternehmen, das am vorteilhaftesten anbietet[2].

Es ist somit richtig, wenn Menze die Markttransparenz bzw. die Durchschaubarkeit des Marktes als eine der Voraussetzungen des Leistungswettbewerbs hinstellt[3]. Die positiven Ausführungen, die Menze zu der Markttransparenz und dem open-price system macht, sind voll zu unterstreichen, solange sie sich auf die Nachfrageseite beziehen[4].

Eine genaue Kenntnis auch der kleineren Vorzüge, die einzelne Unternehmen selbst einer festgefügten Gruppe dem Kunden zu bieten haben, bewirkt Verschiebungen der Nachfrage, die durch die gesetzte Ordnung gerade verhindert werden sollen. Sobald für die Marktgegenseite ausreichende Markttransparenz besteht, wird aufgrund kleinerer Unterschiedlichkeiten, die in dem nicht von der Gruppe tabuierten oder genormten Verhaltensspielraum existieren, ein Maß von Wettbewerb in die Gruppe hineingetragen, das ihr eine ernste Gefahr sein kann.

Neutrale Stellen, die die Kunden weitgehend über Differenzen der Preise, Qualitäten etc. innerhalb des Angebots informieren, würden daher dem Wettbewerb dienlicher sein, als wenn derartige Stellen lediglich die Anbieter mit Informationen versorgen. Wenn die Nachfrageseite

---

[1] Vgl. Schneider, E.: Einführung in die Wirtschaftstheorie, Bd. 2, a. a. O., S. 62.

[2] Vgl. Gutenberg, E.: Grundlagen der Betriebswirtschaftslehre, Bd. 2, a. a. O., S. 151.

[3] Menze, H.: Open Price System und das GWB, a. a. O., S. 99.

[4] Die Bedeutung der Markttransparenz für die Anbieter haben wir auf S. 46 ff. beschrieben.

Kenntnisse über die angebotenen Güter und die Geschäftsbedingungen in detaillierter Form erhält und Ab- und Zuwanderungen der Nachfrage Unruhe in die Gruppe bringen, so ist damit ein wesentlicher Schritt zu einem verstärkten Wettbewerb getan. Darüber hinaus ist dieses Ergebnis mit Mitteln erreicht, die im Markt selbst liegen. Bewegung und Unruhe — hervorgerufen durch ein sofortiges Reagieren auf ein günstigeres Angebot, nicht nur auf einen niedrigeren Preis — greifen das Vertrauen der Gruppenangehörigen füreinander an und bedrohen damit eine der Säulen, auf der ihr gemeinsamer Erfolg beruht.

Sicherlich werden die Unternehmen der Gruppe zunächst mit einem stärkeren Aneinanderrücken antworten, der Gruppenzusammenhalt ist dadurch auf die Dauer jedoch nicht gerettet. Es kommt darauf an, daß die Nachfrager auf alle Unterschiedlichkeiten des Angebots reagieren, die nicht in die Gruppenordnung einbezogen werden können, zumindest nicht ohne Absprachen und institutionelle Regelungen, gegen die das GWB eine Handhabe bietet.

2. Wirtschaftliche Macht der Käufer als Gegenkraft

Eine Gruppe von Unternehmen, die einer Vielzahl kleiner Käufer gegenübersteht, ist in einer wesentlich angenehmeren Situation, als wenn sie ihre Angebote einem einzelnen mächtigen Kunden oder Käufern, die gleichfalls einen festen Gruppenzusammenhalt aufweisen, unterbreiten müßte. Der von Galbraith[5] geprägte Begriff der „countervailing power" ist also auch in unserer Betrachtung zu berücksichtigen.

Knauth nennt als Beispiel gleicher Kräfteverhältnisse die amerikanischen Reifen- und Automobilindustrien[6]. Ein Mißbrauch der Marktstellung durch die Reifenhersteller sei so gut wie ausgeschlossen, da die Automobilunternehmen bei überhöhten Preisen jederzeit zur Eigenfabrikation übergehen könnten. Galbraith erwähnt als Beispiel, daß Detroit als einzige Stadt nicht unter das basing-point system der Stahlindustrie zur Zeit seiner Gültigkeit gefallen sei[7]. Hier fand die mächtige Stahlindustrie in der ebenso mächtigen Automobilindustrie einen ebenbürtigen Partner.

---

[5] Galbraith, J. K.: American Capitalism — The Concept of Countervailing Power, a. a. O., insb. S. 118.

[6] Knauth, O.: Business Practices, Trade Position, and Competition, a. a. O., S. 59.
Vgl. auch Mason, E. S.: Price and Production Policies of Large-Scale Enterprises, in: Backman, J.: Price Practices and Price Policies, insb. S. 347.

[7] Galbraith, J. K.: ebenda, S. 128.

Wirtschaftsmacht auf der Marktgegenseite ist also ein Mittel, die aus der Gemeinsamkeit mehrerer Unternehmen erwachsende Stärke einer Marktstellung zu egalisieren[8].

Die Wirkung solcher Gegenkräfte auf die Gruppe können zunächst einmal in einer Verhinderung des Mißbrauches ihres solidarischen Verhaltens liegen. Weiterhin kann die Gruppe gesprengt werden, wenn einer oder mehrere ihrer Angehörigen unter dem Druck der Käufer die Ordnung ignorieren, die zur Beseitigung des internen Wettbewerbs gesetzt worden ist. Daraus die Folgerungen zu ziehen, die Wirtschaftspolitik müsse die „countervailing power" stärken, wäre jedoch verfrüht.

Eine Gegenkraft, die nicht eine wirkliche Bedrohung der Gruppe darstellt, könnte unter Umständen lediglich den Effekt haben, den Zusammenhalt gegenüber der von außen kommenden Gefahr zu fördern. Es könnte sich die von Hofstätter beschriebene Verwandlung „interner Rivalität in außengerichtete Aggressivität" ergeben[9].

Weiterhin ist es durchaus möglich, daß die Gruppe zwar den mächtigen Marktpartnern gegenüber ihre Wirksamkeit verliert, nicht aber gegenüber allen Nachfragern. Die „gefährlichen" Käufer werden damit praktisch aus der Front der Nachfrageseite herausgelöst, so daß die Anbieter in ihrer Gesamtheit dem Rest gegenüber eher noch mächtiger werden.

Die Gegenkräfte sind nicht generell geeignet, den beseitigten Wettbewerb innerhalb der Gruppe von Anbietern zu stimulieren, so daß die Stärkung der „countervailing powers" keineswegs ein Allheilmittel darstellt. Nicht hier muß das Ziel der Wirtschaftspolitik liegen, bestehender Macht muß nicht neue Macht entgegengesetzt werden, sondern interner Wettbewerb muß die Gruppensolidarität angreifen.

---

[8] Vgl. Bain, J. S.: Price Theory, a. a. O., S. 379 f.
[9] Hofstätter, P. R.: Gruppendynamik, a. a. O., S. 116.

Kapitel V

Das Unternehmerverhalten unter dem Einfluß von Gruppennormen

1. Normierung des Gruppenverhaltens

Unternehmen, die einer Gruppe angehören, verlieren einen Teil ihrer Unabhängigkeit in bezug auf Verhaltensweisen, die das Ziel der Gruppe berühren oder gar gefährden. Sie haben Rollen zu übernehmen, deren Beachtung durch jedes Unternehmen die Gruppe als solche sinn- und zweckvoll macht. Unter Rolle läßt sich dabei „die Summe der von einem Individuum erwarteten Verhaltensweisen" verstehen, „auf die das Verhalten anderer Gruppenmitglieder abgestimmt ist"[1]. Die Rollen der Unternehmen stehen in unmittelbarer Beziehung zu dem angestrebten Gruppenziel, das in dem uns interessierenden Fall in der Einschränkung des Wettbewerbs ohne die Zuhilfenahme von Vereinbarungen besteht. Im einfachsten Fall gelingt eine solche Eindämmung des Wettbewerbs ohne eine Rangdifferenzierung und eine weitgehende Rollenspezialisierung lediglich durch ein gleichförmiges Verhalten der Unternehmen. „Im einfachsten Fall" bedeutet, daß die Möglichkeiten unterschiedlicher Verhaltensweisen beschränkt sein müssen. Die Rollen, die die Mitglieder einer Gruppe zu übernehmen haben, wirken als Normen, die zur Erreichung des gemeinsamen Zieles gesetzt worden sind[2].

In bestimmten Marktsituationen kann die Norm also in dem konformen Verhalten aller Gruppenangehörigen liegen[3]. Ein solches Parallelverhalten ist immer wieder im Schrifttum zum Wettbewerbsrecht behandelt worden, da es nicht selten in der Wirtschaft zu beobachten ist. Insbesondere die Oligopoltheorie hat auf dieses Phänomen aufmerksam gemacht. Gutenberg[4] weist darauf hin, daß jeder Oligopolsituation „die Tendenz zu einem gewissen gemeinsamen Vorgehen" innewohnt. Mach-

---

[1] Hofstätter, P. R.: Einführung in die Sozialpsychologie, a. a. O., S. 319. Vgl. auch Scherhorn, G.: Bedürfnis und Bedarf, a. a. O., S. 71.

[2] Vgl. Hartley, E. H. und R. E. Hartley: Grundlagen der Sozialpsychologie, a. a. O., S. 362.

[3] Vgl. Hartley, E. H. und R. E. Hartley: Grundlagen der Sozialpsychologie, a. a. O., S. 323.

[4] Gutenberg, E.: Grundlagen der Betriebswirtschaftslehre, Bd. 2, a. a. O., S. 232.

lup[5] unterscheidet neben dem vollständig koordinierten Oligopol (Syndikat und Kartell) das unvollständig koordinierte Oligopol (das Oligopol mit Führerschaft und das „kooperative" Oligopol). Die Form des kooperativen Oligopols entspricht unserem Begriff des gleichförmigen Verhaltens.

Auch Fellner[6] betont, daß ein wirkliches Verständnis des Oligopolproblems die Beschäftigung mit der Tatsache erfordert, daß auf oligopolistischen Märkten eine starke Tendenz zu spontaner Koordination der Geschäftspolitik besteht. Bartholomeyczik hält in Übereinstimmung damit „gleichförmig-willkürliches Verhalten auf dem Markt, das sich in Liefer- und Abnahmesperren, Differenzierung der Preise und Geschäftsbedingungen, in Kampfpreisen zeigt", für ein Anzeichen, das auf Gruppenbewußtsein schließen läßt[7].

Die Voraussetzungen für ein konformes Verhalten von Unternehmen liegen in dem Vorhandensein einer Gruppe und sind damit bereits in den vorausgehenden Paragraphen diskutiert worden. Notwendig ist allerdings noch eine Erklärung des Prozesses, der zu diesem Verhalten führt.

Hofstätter berichtet in seiner „Gruppendynamik" von einem Experiment des Soziologen Sherif, das eine gewisse Parallele zu unserem Problem aufweist[8]. Eine Gruppe von Versuchspersonen hatte gemeinsam das „Ausmaß einer unerkannten Bewegungsillusion (autokinetischer Effekt)"[9] zu schätzen. Im Gegensatz zu ebenfalls durchgeführten Einzelschätzungen kam die Gruppe zu einer deutlichen Konvergenz der Schätzungen. Die Mitglieder der Gruppe haben sich also gegenseitig zu dem Ergebnis hindirigiert und damit ein Verhalten gezeigt, das der „guessing-game-policy"[10] von Machlup sehr nahe kommt.

---

[5] Vgl. Machlup, F.: The Characteristics and Classifications of Oligopoly, a. a. O., S. 160 f. Machlup beschreibt das kooperative Oligopol wie folgt: „Restraints by ‚business ethics' and ‚realization of common interest', without organization, agreement, or leadership may include also ‚considerate competition' and live-and-let-live policies."

[6] Fellner, W.: Collusion and its Limits under Oligopoly, in: Capitalism and Monopolistic Competition, AER, Vol. 40, 1 (1950), Papers and Proceedings, S. 54.

[7] Bartholomeyczik, H.: Marktbeherrschende Unternehmen, a. a. O., S. 521. Vgl. auch Benisch, W.: Kartellverbot und konformes Marktverhalten, Der Betrieb 1959, S. 451.

[8] Hofstätter, P. R.: Gruppendynamik, a. a. O., S. 53 ff.

[9] Hofstätter, P. R.: Gruppendynamik, in Psychologie, a. a. O., S. 159 und Gruppendynamik, a. a. O., S. 53: Bei dem autokinetischen Effekt wird in einem völlig verdunkelten Raum ein sehr kleiner und intensitätsschwacher Lichtpunkt für kurze Zeit dargeboten, der sich zu bewegen scheint, obwohl er objektiv feststeht.
Newcomb, Th. M.: Sozialpsychologie, a. a. O., S. 197 f.

[10] Machlup, F.: The Economics of Sellers' Competition, a. a. O., S. 510: „... oligopoly takes the form of a guessing game, each seller trying to guess what the rival may do in reaction to his action."

Wenn die Unternehmer ihre Handlungen mit einer gewissen Sicherheit zu denen ihrer Konkurrenten in Beziehung setzen, handelt es sich nicht mehr um einen Wettbewerbsprozeß, sondern um eine — wenn auch niedere — Form der „collusion"[11]. Zu diesem Ergebnis kommt auch Springsfeld: „Letztlich und endlich umfaßt die ‚guessing-game-policy' alle oligopolistischen Verhaltensweisen, die mit Rücksicht auf das bisherige Verhalten der Konkurrenten gewählt werden und eine Respektierung der Rivalen einschließen. Damit würden wir zu dem Ergebnis gelangen, daß die Oligopolstrukturen, die schon über längere Zeit unverändert existieren, in allen Fällen, außer denen des offenen Kampfes, eine ‚collusion' darstellen[12]."

Wir haben eingangs gesagt, daß konformes Verhalten von Unternehmen ohne eine Rangdifferenzierung vorwiegend in einfachen Fällen in Erscheinung tritt. Diese Art des Verhaltens ist daher eher zu erwarten, wenn eine Marktsituation durch ein Unterlassen, ein Nichthandeln, statt durch ein Handeln gemeistert werden kann. Gegenstand konvergenter Verhaltensweisen ist daher nicht in erster Linie eine Wettbewerbsbeschränkung, sondern ein Verzicht auf Wettbewerb[13].

Die Feststellung, ob z. B eine gleichförmige und gleichzeitige Preisänderung auf den beschriebenen Verhaltensweisen oder auf der Führung durch ein Unternehmen beruht, ist jedoch kaum mit Sicherheit zu treffen. Die Frage ist allerdings nur von theoretischer, nicht von wettbewerbsrechtlicher Bedeutung, da die Wurzeln in beiden Fällen auf die Existenz einer Gruppe und eines Gruppenbewußtseins zurückgehen.

So berichtet Büntig, daß die vertikale Preisbindung überall dort, wo sie eingeführt wurde, von allen oder den meisten, jedenfalls von den maßgebenden Herstellern der jeweiligen Branche vorgenommen wurde[14]. Derartige, mehr oder weniger allgemeine Ziele lassen sich ohne Zweifel durch ein gleichförmiges Verhalten auf der Grundlage des Gruppenbewußtseins erreichen[15].

---

[11] Machlup, F.: The Economics of Sellers' Competition, a. a. O., S. 434: „Collusion... ranges from the most tender forms of understanding without contact or communication to the most formal and elaborate compacts or treaties."
[12] Springsfeld, H.: Das Oligopolproblem in der neueren Wirtschaftstheorie, Diss. Köln 1957, S. 137.
[13] Vgl. Marbach, F.: Die „Kartellinitiative" in wettbewerbspolitischer Sicht, Bern 1955, S. 61.
[14] Büntig, H.: Kartellersatz durch vertikale Preisbindung, WuW 1957, S. 150.
[15] Vgl. einen Bericht der Eisenwarenzeitung vom 22. 8. 1953, zitiert bei Büntig, ebenda, S. 160, Anm. 63: „Wenn auch die Entscheidung, ob die Festpreisbindung eingeführt wird, jedem einzelnen Werk selbst überlassen bleibt, so macht doch jedes Werk die Entscheidung in dieser Frage von der Haltung der wesentlichsten Konkurrenten abhängig."

Ein weiteres Beispiel ist die Preiserhöhung unter gleichzeitiger Verbesserung der Handelsspanne, die von den Firmen Deutsche Linoleum-Werke AG (am 1. 1. 1959), Rheinische Linoleumwerke Bedburg, Richard Holtkott (am 1. 1.1959) und Balatum AG (am 16. 1. 1959) vorgenommen wurde[16]. Die vollkommene Übereinstimmung der Preise und Handelsspannen sowie die Termine der Ankündigung lassen jedoch die Führung eines Unternehmens als wahrscheinlich annehmen. Das gleiche gilt von der Preiserhöhung für Dieselkraftstoff um 1,5 Pfennig je Liter, die Mitte Februar 1959 durch die großen Mineralölgesellschaften erfolgte und die eine Anfrage durch das Bundeskartellamt auslöste[17].

Weitere Beispiele finden sich bei Stigler im Hinblick auf die Preisänderungen der Zigaretten-[18] und der Dynamitindustrie[19] in den USA, die beide von drei großen Firmen beherrscht werden. Die Großhandelspreise für 40 %iges Ammonium-Dynamit — per 50 pound — bewegten sich in den dreißiger Jahren folgendermaßen:

27. Febr. 1933: Alle Firmen senkten den Preis von $ 12,25 auf $ 10,50
12. März 1934: Du Pont und Hercules senkten den Preis auf $ 10; Atlas folgte 17 Tage später
14. Jan. 1935: Alle Firmen erhöhten den Preis auf $ 10,50
7. Mai 1936: Du Pont und Hercules senkten den Preis auf $ 9,50; Atlas folgte am nächsten Tag
8. Mai 1937: Du Pont und Atlas erhöhten den Preis auf $ 10,50; Hercules folgte drei Tage später.

In der Zigarettenindustrie konnte ein ähnliches preispolitisches Verhalten beobachtet werden.

Ein solches Marktverhalten liegt bereits auf der Grenze zu einem gruppenbewußten Verhalten unter der Führung eines Unternehmens, das wir als nächstes zu untersuchen haben.

2. Gruppenbewußtes Verhalten unter der Führung eines Unternehmens

Die einfachste Form einer internen Differenzierung, die fast in jeder Gruppe zustande kommt, ist die einer „einzigen ausgezeichneten Rolle" (des Anführers) im Verhältnis zu einer „Mehrheit untereinander nicht differenzierter Partnerrollen" (den Gefolgsleuten)[20]. In Anbetracht der

---

[16] Vgl. die Schreiben der Firmen an die Abnehmer vom 26. 11. 1958, 3. 12. 1958 und 5. 12. 1958 (in der obigen Reihenfolge).
[17] Vgl. „Das Bundeskartellamt ersucht um Auskunft", Handelsblatt, Nr. 46 v. 14. 4. 1959: „Es geht um die Frage eines ‚Mißbrauches wirtschaftlicher Macht' und um Aufklärung darüber, warum die Preiserhöhung gleichmäßig — aber nicht ganz gleichzeitig — bei allen Gesellschaften erfolgte."
[18] Stigler, G. J.: The Kinky Oligopoly Demand Curve and Rigid Prices, Readings in Price Theory, S. 421.
[19] Stigler, G. J.: ebenda, S. 423.
[20] Hofstätter, P. R.: Gruppendynamik, a. a. O., S. 25.

Zielsetzung und Bildung der Unternehmensgruppen stellt die Führerrolle eines Unternehmens in den meisten Fällen die einzige, immer aber die wichtigste Differenzierung dar[21]. Die ökonomische Theorie behandelt das Problem unter dem Stichwort Preisführerschaft auf oligopolistischen Märkten. Der Begriff der Preisführerschaft ist jedoch zu eng. Es wird daher bereits z. T. der Ausdruck Marktführerschaft verwendet, da die Führung eines Unternehmens nicht nur auf ein Teilgebiet der Marktstrategie beschränkt zu sein braucht. Wir werden uns ebenfalls dieses Begriffes bedienen oder ganz allgemein von Führerschaft sprechen. Da jedoch dieses Phänomen fast ausschließlich in bezug auf den Preis untersucht worden ist, wird auch in den folgenden Ausführungen — z. B. in Zitaten — gelegentlich der Ausdruck Preisführerschaft zu finden sein, während der Leser mit Berechtigung, zumindest in allgemeinen Formulierungen, den Ausdruck Marktführerschaft erwarten dürfte.

Marktführerschaft als Form der „collusion"

In der Literatur zum Oligopolproblem bestehen getrennte Auffassungen darüber, ob die Führerschaft eines Unternehmens das Ergebnis von „collusion"[22] ist oder nicht. So unterscheidet Springsfeld[23] zwischen organisierter und unorganisierter Preisführerschaft, wobei nach seiner Ansicht lediglich die erste Form auf „collusion" basiert. „Was unorganisierte ‚price leadership' anbelangt, so geht deren Entstehung sowohl von seiten des ‚leaders' als auch von seiten der ‚followers' weder auf ein ‚formal agreement' noch auf ein ‚informal understanding' zurück; es liegt also keine ‚collusion' vor."

Auch Markham[24] hält die Preisführerschaft nicht für ein Ergebnis von „collusion", sondern für eine unvermeidliche Konsequenz einer besonderen Kosten- oder Nachfragesituation, die eine Verständigung über den Preis zwischen den Verkäufern als mögliche Lösung ausschließt.

Dagegen sagt Machlup: „Leadership, ordinarily implies collusion[25]." Auch Stigler vertritt diese Ansicht[26]. Der Grund für diese Auffassung liegt in der Auslegung des Begriffes „collusion", die bereits bei einer

---

[21] Vgl. Hartley, E. H. und R. E. Hartley: Die Grundlagen der Sozialpsychologie, a. a. O., S. 435.

[22] Vgl. S. 63, Anm. 11.

[23] Springsfeld, H.: Das Oligopolproblem in der neueren Wirtschaftstheorie, a. a. O., S. 138.

[24] Markham, J. W.: The Nature and Significance of Price Leadership, AER, Vol. 41, 2 (1951), S. 893.

[25] Machlup, F.: The Economics of Sellers' Competition, a. a. O., S. 443.

[26] Vgl. Stigler, G. J.: The Theory of Price, a. a. O., S. 234: „The mechanism most often employed by oligopolists in tacit collusion to adopt the price to changing market conditions is price leadership."

Einschränkung des Unsicherheits- und Unbestimmtheitsmomentes am Markte angenommen wird. In einem solchen Fall können die Unternehmen bestimmte Verhaltensweisen der Konkurrenten mit einer gewissen Sicherheit in ihre Erwartungsstrukturen einbauen. Die Unsicherheit über Aktionen und Reaktionen der Wettbewerber ist in mehr oder weniger großem Ausmaß gemindert worden.

Wir kommen mit Hilfe der Gruppendynamik zu einer ähnlichen Deutung. Die Führerrolle eines Unternehmens ist ein Mittel, das Ziel der Gruppe besser und sicherer zu erreichen. Die Unternehmen können bei einer solchen Rollenspezialisierung ganz bestimmte Annahmen über das Verhalten der übrigen Gruppenangehörigen machen, nämlich daß sie dem Führer folgen. Wäre diese Annahme nicht möglich, könnte man weder von einem Gruppenzusammenhalt noch von einer darauf aufbauenden Führerschaft sprechen[27].

Das klingt letztlich auch bei Springsfeld an, wenn er sagt: „Bei längerem Bestehen der unorganisierten ‚price leadership' nimmt diese oligopolistische Marktstruktur jedoch infolge der dann vorliegenden ‚guessing-game-policy' die Form einer ‚collusion' an[28]." Das mehr oder weniger lange Bestehen der Preisführerschaft ist in unserer Terminologie in den Bedingungen der Gruppenbildung — vor allem in der Bedingung der Kontinuität des Gruppenbewußtseins — enthalten. Erst wenn sich eine Gruppe gebildet hat, können wir von Führerschaft sprechen, würden dann allerdings mit Machlup in jedem Fall eine „collusion" annehmen. Das Zusammenspiel der Unternehmen hängt von der Stärke des Gruppenbewußtseins ab, während die Führerschaft lediglich eine zweckmäßige Ausdrucksform dieses Zusammenhaltes ist, mit der sich der Wettbewerb innerhalb der Gruppe bändigen und der gemeinsame Gewinn steigern läßt[29].

Die informale Gruppenorganisation der Unternehmen bedingt ein besonderes Führungssystem. Die Führung kann nicht, wie in formalen Organisationen, auf einem höheren Status in der Organisationshierarchie aufbauen, sondern leitet sich in erster Linie aus der Leistung ab, die der Führer zur Erreichung des gemeinsamen Zieles beizutragen vermag[30].

---

[27] Vgl. Hartley, E. H. und R. E. Hartley: Die Grundlagen der Sozialpsychologie, a. a. O., S. 435: „Das Wesen der jeweiligen Führerrolle bestimmt sich sowohl aus der Situation als auch aus den Bedürfnissen und Erwartungen der Gefolgschaft. Ein Führertum ohne Gefolgschaft hat keinen Sinn."

[28] Springsfeld, H.: Das Oligopolproblem in der neueren Wirtschaftstheorie, a. a. O., S. 138.

[29] Vgl. Burns, A. R.: The Decline of Competition, a. a. O., S. 144: „Price leadership is a step in the direction of replacing the rule of industry through the conflict of many individual decisions by rule in accordance with a plan for the whole industry."

[30] Vgl. König, R.: Herrschaft, in: Soziologie, S. 117.

Bei der Besprechung der möglichen Arten können wir uns zunächst auf wirtschaftswissenschaftliche Untersuchungen stützen.

Dominierende und barometrische Führerschaft

Stigler[31] hat die Unterscheidung in dominierende und barometrische Preisführerschaft eingeführt. Machlup[32] hat dieser Zweiteilung die Preisführerschaft durch eine „appointed firm" hinzugefügt. Da letzterer Fall zu dem organisierten Oligopol bzw. der organisierten Gruppe gehört — es ist eine Vereinbarung darüber erforderlich, wer der Preisführer sein soll —, können wir uns auf die beiden ersten Formen beschränken.

Bei Vorhandensein *dominierender* Preisführerschaft folgen die Unternehmen den Aktionen der herausragenden Firma der Industrie. Die Gründe, warum ein Unternehmen als „dominant" angesehen wird, sind mannigfaltig, lassen sich jedoch zurückführen

1. auf die relative Größe des Unternehmens;
   Eine solche Vorherrschaft auf dem Markt kann die Konkurrenten veranlassen oder sogar zwingen, sich dem Verhalten dieser Firma anzupassen, wenn sie nicht die Gruppe sprengen und einen für sie sicherlich ungünstig verlaufenden Konkurrenzkampf heraufbeschwören wollen. Das dominierende Unternehmen seinerseits wird durch die Maßnahmen der Wettbewerber kaum oder überhaupt nicht ernsthaft berührt.
2. auf Marktmacht des Unternehmens, die nicht auf der Größe des Marktanteils beruht;
   Hierzu gehört eine besondere finanzielle Macht, wenn die Firma beispielsweise zu einem großen Konzern gehört. Auch die Beherrschung der Beschaffungsmärkte kann eine solche Stellung begründen.
3. auf die geistige Potenz des Unternehmens[33].
   Die Konkurrenten trauen dieser Firma eine richtige Beurteilung der jeweiligen Marktlage zu. Hier spielt neben der Qualität der Führungskräfte die interne Organisation eine nicht zu unterschätzende Rolle. So versuchen z. B. Cyert und March anhand von zwei Modellen möglicher Organisationsformen die Positionen eines „leader" und eines „follower" darzustellen[34].

Schon jetzt läßt sich erkennen, daß die Gefolgschaft von Unternehmen sowohl auf freiwilliger Anerkennung der Führerschaft als auch auf

---

[31] Stigler, G. J.: The Kinky Oligopoly Demand Curve and Rigid Prices, Readings in Price Theory, a. a. O., S. 431.
Vgl. auch Gutenberg, E.: Grundlagen der Betriebswirtschaftslehre, Bd. 2, a. a. O., S. 272 ff.

[32] Machlup, F.: The Economics of Sellers' Competition, a. a. O., S. 493.

[33] Vgl. zu den Gründen für das Anerkennen einer Preisführerschaft:
Machlup, F.: The Economics of Sellers' Competition, a. a. O., S. 494.
Ramms, H.-W.: Wettbewerb und Preisbildung bei Nichteisen-Metallen, Diss. Köln 1959, S. 45.

[34] Cyert, R. M. und J. G. March: Organizational Structure and Pricing Behavior in an Oligopolistic Market, AER, Vol. 45, 1 (1955), S. 135.

mehr oder weniger starkem Zwang beruhen kann. Die Führerschaft eines dominierenden Unternehmens kann oft aus einer ehemaligen monopolartigen Marktstellung erwachsen und wird auch in den meisten Fällen gewisse Züge eines Teilmonopols — in der Sprache der Marktformenlehre — tragen[35].

Wir werden nun mit Hilfe der bisherigen oligopoltheoretischen Ergebnisse prüfen, wie sich die Marktteilnehmer im Falle einer dominierenden Preisführerschaft verhalten bzw. innerhalb welcher Grenzen die Unternehmen bereit sind, den Marktmaßnahmen — und dabei vor allen Dingen der Preispolitik — eines „leader" zu folgen.

Dabei müssen wir uns zuerst mit einer Beobachtung beschäftigen, die die Preistheorie als Fall der „kinky oligopoly demand curve", der geknickten Nachfragekurve, kennzeichnet. Hiermit wird eine Marktsituation erfaßt, in der der oligopolistische Anbieter damit rechnet, „daß seine Konkurrenten einer Heraufsetzung seines gegenwärtig geltenden Preises nicht folgen, dagegen einer Preisherabsetzung folgen"[36]. Stigler macht darauf aufmerksam, daß die Nachfragekurve des „dominant price-leader" keinen Knick aufweist, weil die Konkurrenten keinen Grund haben, einen niedrigeren Preis zu setzen: Sie können zu dem Preis des Führers die Menge absetzen, die sie abzusetzen wünschen[37]. Damit ist ein wesentliches Kennzeichen der dominierenden Preisführerschaft gegeben.

Machlup unterscheidet vier Typen der Beziehungen zwischen dem „price leader" und seinen „followers"[38]:

1. Die übrigen Unternehmen sind sehr klein und haben keine andere Wahl, als die Preise des großen zu akzeptieren. Über die Preise können sie nicht hinausgehen, wenn sie nicht sämtliche Kunden verlieren wollen. Ein möglicher Spielraum hängt vor allen Dingen von der Produktdifferenzierung ab.
2. Die Unternehmen würden bei höheren Preisen nicht alle Kunden verlieren und beim Unterbieten Kunden gewinnen. Höhere Preise wären jedoch nur bei einer ungünstigen Kostenstruktur denkbar. Preisermäßigungen werden aus Furcht vor Reaktionen des Preisführers unterlassen.

---

[35] Vgl. Markham, J. W.: The Nature and Significance of Price Leadership, a. a. O., S. 895: „Nearly every major industry in the American economy has, in its initial stages of development, been dominated by a single firm — the Slater Mill in cotton textiles, the Firestone Company in rubber tires, Birdseye in frozen foods, the American Viscose Corporation in rayon yarn ety., to mention only a few. The monopoly power of the initial dominant firms in most industries, however, was gradually reduced by industrial growth and the entrance of new firms."

[36] Vgl. Schneider, E.: Einführung in die Wirtschaftstheorie, Bd. 2, a. a. O., S. 121; Schneider verwendet den Ausdruck „geknickte konjekturale Preisabsatzkurve".

[37] Stigler, G. J.: The Kinky Oligopoly Demand Curve and Rigid Prices, a. a. O., S. 433.

[38] Machlup, F.: The Political Economy of Monopoly, a. a. O., S. 134.

3. Die Unternehmen haben wie bei Punkt 2 die Möglichkeit, in gewissem Rahmen eigene Preise zu setzen, fürchten jedoch, daß der „price leader" seinerseits die neue Preisführerschaft akzeptiert und sich mit der Rolle des „follower" begnügt. Aus diesem Grunde verzichten sie auf Experimente.
4. Die Unternehmen können eigene Preise durchsetzen, wissen aber aus Erfahrung, daß bei unabhängiger Preispolitik aller Anbieter ein niedrigeres Preisniveau die Folge sein würde. Aus diesem Grunde sind sie sich einig, einem Anbieter die „Leitung des Konzerts" zu überlassen.

Über die Preisflexibilität in Marktsituationen, die durch Preisführerschaft gekennzeichnet sind, hat Stigler Untersuchungen angestellt[39], die sich auf eine ganze Reihe von oligopolistischen Industriezweigen beziehen.

Er hat danach folgende Tabelle zusammengestellt:

Measures of Market Structure for Twenty-one Products and of Their Price Flexibility and Output Variability, June 1929 — May 1937

Product	Number of Firms in Industry	Price Leader	Price flexibility		Coefficient of Variation of Output
			Number of Price Changes	Coefficient of Variation	
Oligopolies:					
Bananas	2	Yes	46	16	17
Boris acid	3	No	7	17	16
Cans	4	Yes	6	5	27
Cement	12	No	14	11	41
Copper	4	No	63	37	43
Gasoline a)	11	No	84	22	16
Grain-binder	2	Yes	5	3	63
Linoleum	2	No ?	12	9	30
Newsprint	9	No	6	16	16
Plaster	3	Yes	4	5	29
Plate glass	2	No	8	13	34
Plows	6	No	25	6	50
Rayon	8	No	26	30	34
Soap	3	No	9	12	7
Starch	4	Yes	20	12	13
Sulphur	2	Yes	0	0	24
Tires	8	No	36	9	16
Tractors	4	Yes	6	6	76
Window glass	3	No	20	21	24

Quelle: Stigler, G. J.: The Kinky Oligopoly Demand Curve and Rigid Prices. a. a. O., S. 429.
a) In Pennsylvania and Delaware.

[39] Stigler, G. J.: The Kinky Oligopoly Demand Curve and Rigid Prices, a. a. O., S. 410 ff.

Daraus folgert Stigler, daß die Preise in Industrien mit Preisführerschaft weniger flexibel sind; Markham[40] interpretiert die Ergebnisse jedoch anders: erstens seien Preise unter barometrischer Preisführerschaft flexibler als unter dominierender, und zweitens wachse die Preisflexibilität mit der Zahl der Unternehmen. Sein Einwand stützt sich darauf, daß Stigler die Industrien, die Preisführerschaft aufweisen, auf solche mit einem dominierenden Anbieter beschränkt hat. Dieses Unternehmen mußte dann einen Anteil von mindestens 40 % des gesamten Ausstoßes der Industrie besitzen, wenn das nächstgroße Unternehmen von erheblicher Bedeutung war, sogar noch mehr[41]. Dadurch blieb in den Untersuchungen von Stigler die barometrische Preisführerschaft unberücksichtigt. Bei dieser Sachlage wird man die Einschränkung von Markham anerkennen müssen.

Eine theoretische Untersuchung der dominierenden Preisführerschaft für weitgehend homogene Güter unter der Annahme eines einheitlichen Marktpreises führt Gutenberg durch[42]. Mit Hilfe einer Horizontaladdition der Grenzkosten aller übrigen Unternehmen ermittelt er deren Gesamtangebotskurve. Die Angebotskurve des Preisführers ergibt sich dann als Differenz zwischen der Gesamtabsatzkurve der Industrie und den Absatzmengen der übrigen Anbieter zu jedem Preise. Mit Hilfe des Cournot'schen Punktes[43] kann der Preisführer darauf den für seine Kostenlage günstigsten Preis feststellen, zu dem die „followers" ebenfalls ihre Angebotsmengen absetzen können.

Die Trennungslinie zwischen dominierender und *barometrischer* Preisführerschaft zieht Stigler mit Hilfe der Theorie der geknickten Nachfragekurve[44]. Der Knick ist bei einem barometrischen Preisführer nur dann nicht vorhanden, wenn die Kosten- oder Marktlage eine Preisänderung erfordern. Zeitpunkt und Ausmaß der Änderung wird dabei einem Unternehmen überlassen, das die Voraussetzungen des Punktes 3 unserer Aufgliederung[45] zur dominierenden Preisführerschaft erfüllt.

---

[40] Markham, J. W.: The Nature and Significance of Price Leadership, a. a. O., S. 895.

[41] Markham, J. W.: ebenda, S. 894.

[42] Gutenberg, E.: Grundlagen der Betriebswirtschaftslehre, Bd. 2, a. a. O., S. 278 f.

[43] Vgl. Wessels, Th.: Einführung in die Volkswirtschaftslehre, Handbuch der Wirtschaftswissenschaften, Bd. 2, S. 978.

[44] Stigler, G. J.: The Kinky Oligopoly Demand Curve and Rigid Prices, a. a. O., S. 433: „The second type of leader, the barometric firm, commands adherence of rivals to his price only because, and to the extent that, his price reflects market conditions with tolerable promptness. The widespread development of barometric firms is therefore explicitly a device to insure that there will be no kink, or that the kink will not prevent readjustment of price to important changes in cost or demand conditions."

[45] Siehe S. 67.

Die barometrische Preisführerschaft präsentiert sich damit als ein Sonderfall und als weitaus schwächere Form der dominierenden. Der barometrische „price leader" setzt im Grunde — wenn auch vielleicht nicht vollkommen, sondern nur in der Tendenz — die Preise, die der Wettbewerb ebenfalls erzwingen würde[46]. Diese Anpassung an veränderte Daten vollzieht sich jedoch für die Unternehmen unter Verringerung der Unsicherheitsfaktoren, also mit einer gewissen Milderung des Wettbewerbs, da die von dem führenden Unternehmen gesetzte Grenze nicht unterschritten wird.

Demokratische und autoritäre Führerschaft

Nach diesem Überblick über die Erkenntnisse der Oligopoltheorie können wir uns wieder der Gruppendynamik zuwenden. Wie eng die Verbindung zwischen beiden Standpunkten ist, läßt sich bereits erkennen, wenn man mit Krech und Crutchfield folgende zwei Führertypen in sozialen Gruppen unterscheidet: den autoritären und den demokratischen[47].

Der demokratische Führer unterscheidet sich von dem autoritären nicht nur durch das Ausmaß seiner Macht, sondern durch die Art seiner Rolle in der Struktur der Gruppe[48].

Der demokratische Führer handelt nicht völlig auf sich allein gestellt. Durch eine gute Kommunikation in der Gruppe werden die Beurteilungen der jeweiligen Marktsituation ausgetauscht; sogar die öffentliche Meinung wird entsprechend beeinflußt. Der Führer vollzieht mit seiner Preisänderung nur noch als erster eine von allen Mitgliedern der Gruppe gebilligte Maßnahme. Dabei kann die Gruppenarbeit so gut funktionieren, daß eine Preissenkung von den Unternehmen in Etappen vorgenommen wird. Das mag auf den ersten Blick den Eindruck scharfen Wettbewerbs erwecken, die Ordnung der Aktionen und die gewahrte Gruppendisziplin dürften jedoch im allgemeinen kaum zu übersehen sein. Unter diesem Blickwinkel finden wir auch die Verbindung zu den Beispielen, die wir zu dem gleichförmigen Verhalten von Unternehmen einer Gruppe angeführt haben[49].

---

[46] Vgl. Markham, J. W.: The Nature and Significance of Price Leadership, a. a. O., S. 899: „...the barometric price leader...appears to do little more than set prices that would eventually be set by forces of competition."

[47] Krech, D. und R. S. Crutchfield: Théorie et Problèmes de Psychologie Sociale, Bd. 2, Paris 1952, S. 576.

[48] Krech, D. und R. S. Crutchfield: ebenda, S. 580: „Le chef démocrate cherche à susciter le maximum de coopération et de participation, de la part de chaque membre, aux activités collectives comme à la détermination des objectifs du groupe."

[49] Vgl. S. 63 f.

Pigors[50] hat eine ähnliche Unterscheidung der Führertypen gebraucht: „leadership" und „domination", die jedoch in der Sache nichts Neues bringt.

Die Unfreiheit des Führers

Die Gruppendynamik bietet für die Erklärung der „leadership" im Sinne Pigors bzw. für die demokratische Führerschaft noch weitere Möglichkeiten. Die Stellung des Führers innerhalb einer Gruppe rückt in ein ganz anderes Licht, wenn man seine Entscheidungsfreiheit oder -unfreiheit betrachtet. In sehr vereinfachter Form läßt sich das mit der bei Hofstätter wiedergegebenen Untersuchung von Merei demonstrieren[51]. In einem Kindergarten wurde ein Junge, von dem man annahm, er würde eine Führungsposition beanspruchen, in eine Gruppe von Kindern gebracht, die sich bereits zusammengeschlossen hatte. Als er die Führung dieser Gruppe anstrebte und auf eindeutige Ablehnung stieß, änderte er sein Verhalten und beachtete die Spielregeln der Gruppe, und zwar noch genauer als die übrigen Kinder. Nach einer gewissen Zeit wurden seine Befehle akzeptiert, da sich der Inhalt dieser Weisungen den Erfordernissen der Gruppe angepaßt hatte. „Der Führer machte sich somit zum Anwalt der bestehenden Ordnung, während er ursprünglich darauf abgezielt hatte, eine neue Ordnung zu schaffen. ‚Es kommt so zu der merkwürdigen Situation, in der ein Befehlsgeber nachahmt, während die Vorbilder den Weisungen ihres Nachahmers Folge leisten', sagt Merei."

Der Führer kann am wenigsten die von der Gruppe aufgestellten Normen umgehen, ohne die bestehende Ordnung zu gefährden. Dieses Phänomen bietet vielleicht eine Erklärung für den bereits diskutierten Fall, daß der Marktanteil des Preisführers oft eine sinkende Tendenz aufweist[52]. Die langsam steigenden Marktanteile der übrigen Unternehmen ergeben sich aus einer großzügigeren Einstellung zu den Normen der Gruppe. Es wird daher verständlich, daß die Führerposition durchaus nicht von den Unternehmen als erstrebenswert angesehen werden muß, da sie eine viel größere Selbstdisziplin verlangt. Aus diesem Grunde kann die Führerschaft zu einem „Schwarzen Peter" werden, den man sich gegenseitig zuschiebt.

„Die Gruppe absorbiert ihren Führer; indem dieser sich aber strenger an die Normen der Gruppe hält als jedes andere Mitglied, wird er erst eigentlich dazu befähigt, die Gruppe zu führen[53]."

---

[50] Pigors, P.: Leadership and Domination, London 1935, zitiert bei Hofstätter, P. R.: Gruppendynamik, a. a. O., S. 137.
[51] Merei, F.: Group Leadership and Institutionalization. Hum. Relat., 2, 1949, zitiert bei Hofstätter, P. R.: Gruppendynamik, a. a. O., S. 135.
[52] Vgl. S. 41.
[53] Hofstätter, P. R.: Gruppendynamik, a. a. O., S. 136.

Wesentlich und entscheidend für den Bestand der Gruppe ist in jedem Fall das Anerkennen der Führerschaft durch die Unternehmen. Das ist bei der barometrischen bzw. „demokratischen" Führerschaft nicht zuletzt eine Frage des Geschicks und der Taktik, während der autoritäre Führer die Gefolgschaft in gewissem Maße erzwingen kann.

Die Unterscheidung der Sozialpsychologie in „autoritäre und demokratische Führerschaft" oder „Führerschaft und Herrschaft" bietet jedoch — das läßt sich zusammenfassend sagen — eine bessere Erklärung des zu untersuchenden Unternehmerverhaltens, da hier tatsächlich Gegensätze zu Tage treten, während wir die funktionierende barometrische Preisführerschaft lediglich als einen Unterfall der dominierenden bezeichnen mußten. Innerhalb dieser beiden Grundtypen aber gibt es eine Vielfalt von Führer-Gefolgschaft-Beziehungen, die jeweils in der konkreten Marktsituation geprüft werden müssen[54].

3. Die Preispolitik als Gegenstand von Gruppennormen

Über eine Normierung des allgemeinen Verhaltens hinausgehend, die die Gleichförmigkeit oder die Führung eines Unternehmens mit der Gefolgschaft der übrigen erzielt, können sich in einer Gruppe ganz spezifische Normen entwickeln. Die Mitglieder einer Gruppe schaffen Regeln über Verhaltensweisen, die für das Erreichen des Gruppenzieles entscheidend sind[55]. Diese Normen verleihen dem Zusammenleben der Gruppenangehörigen eine Sicherheit und erlauben eine dem gemeinsamen Ziel dienliche Zusammenarbeit[56].

In einer schematischen Darstellung hat Hofstätter eine Art „Spektrum" einer Gesellschaftsordnung erfaßt, aus der wir Erkenntnisse für das Verhalten in Unternehmensgruppen gewinnen können[57]:

Unumstößliche Selbstverständlichkeiten	Konventionelle Sitten u. Gebräuche	Moden	Individuelle Freizügigkeit	Tabuiertes Verhalten: a) „kriminell" b) "krankhaft"

[54] Vgl. Burns, A. R.: The Decline of Competition, a. a. O., S. 77: „Leaders vary from industry to industry, in both the duration of their leadership and the range of action within which they can rely upon the loyalty of their followers."

[55] In der Gruppendynamik spricht man in diesem Zusammenhang von Leistungen des Bestimmens.

[56] Vgl. Hickman, C. A. und M. H. Kuhn: Individuals, Groups, and Economic Behavior, a. a. O., S. 87 f.: „The determinate regularities in human behavior are described by the social norms of specific groups. These norms exist in the language by which the members of such groups work together."

[57] Hofstätter, P. R.: Einführung in die Sozialpsychologie, a. a. O., S. 61.

74 Das Unternehmerverhalten unter dem Einfluß von Gruppennormen

Auch das Unternehmerverhalten wird von diesen Pfeilern des gruppenmäßigen Zusammenlebens in bestimmte Richtungen gelenkt. Aus der Natur der Gruppe heraus gewinnen für uns insbesondere die Tabus für bestimmte Verhaltensweisen an Interesse. Es werden gewisse „gefährliche" Wettbewerbshandlungen mit einem Gruppenverbot belegt und als für die Gruppenordnung „kriminell" hingestellt. Das ist um so wirksamer, wenn es gleichzeitig gelingt, bestimmte gruppenschädliche Verhaltensweisen auch für die Allgemeinheit, für die gesamte Wirtschaft, als „kriminell" einzustufen. Die tabuierten Verhaltensweisen sind dabei nach Hofstätter „nur der negative Aspekt unumstößlicher Selbstverständlichkeiten"[58], zwischen denen die ganze Skala der Normen verschiedenster Stärkegrade liegt.

Der Endpreiswettbewerb

In einer fest geschlossenen Gruppe von Unternehmen ist es kaum möglich, die Voraussetzung der ökonomischen Theorie aufrechtzuerhalten, nach der jedes Unternehmen mit Hilfe der Preispolitik seinen Gewinn zu maximieren sucht, kurz, daß der Preiswettbewerb die Grundlage allen Handelns sei. Man ist hier beinahe geneigt, Parallelen zu den Dakota-, Zuni- und Hopi-Indianern anzunehmen, die das Wetteifern selbst für verwerflich halten[59]. Es ist in der Tat so, daß die Preispolitik als Wettbewerbsmittel innerhalb mancher Unternehmensgruppen fast einem vollständigen Tabu unterliegt.

Da der Preis das auffallendste Merkmal am Markte ist, können die Marktteilnehmer seine Veränderung am ehesten feststellen. Bei der bestehenden reaktiven Verbundenheit der Anbieter einer Gruppe können Preissenkungen unter Umständen verheerende Folgen haben[60]. Ihnen sucht man durch die Verhängung des Tabus auszuweichen. Das gilt in besonderem Maße für Industrien, denen eine non-price competition durch die Art der Waren verwehrt ist. Der Preis ist praktisch das einzige und infolgedessen ein außerordentlich gefährliches Wettbewerbsmittel, wenn es sich um weitgehend gleichartige Produkte handelt, die in allen Einzelheiten (Grundformen, Qualität usw.) genormt sind und bei denen auch eine Produktdifferenzierung durch die Werbekraft der Marke nicht zum Zuge kommt.

Solche gleichartigen und anonymen Massenerzeugnisse sind vor allen Dingen im Bereich der Rohstoffe und der Halbfertigwaren, z .B. in der

---

[58] Hofstätter, P. R.: Einführung in die Sozialpsychologie, a. a. O., S. 61.

[59] Vgl. die von Hofstätter zitierten Forschungsergebnisse von Klineberg, O., Mead, M. und Thompson, L. (Einführung in die Sozialpsychologie, a. a. O., S. 18).

[60] Vgl. Galbraith, J. K.: American Capitalism — The Concept of Countervailing Power, a. a. O., S. 48.

Eisen- und Stahlindustrie anzutreffen[61]. Anbietern derartiger Produkte gelingt es kaum, sich ein „akquisitorisches Potential" zu schaffen, so daß man mit einer weitgehenden Erfüllung des „Prinzips der Unterschiedslosigkeit" rechnen kann. Die hohe Fungibilität der Erzeugnisse erzwingt im allgemeinen relativ schnell einen einheitlichen Preis. Das wiederum bedeutet, daß es für ein einzelnes Unternehmen sinnlos ist, einen Preiswettbewerb zu beginnen, um Kunden anderer Anbieter an sich zu ziehen[62]. Es würde sich lediglich das allgemeine Preisniveau senken, ohne daß ein Anbieter einen wesentlichen Vorteil erlangen könnte.

Ein gruppenverbindliches Tabu ist daher verständlich, wenn es für die Gesamtheit und damit auch für jeden einzelnen schädlich ist, die Preispolitik als Wettbewerbsmittel zu strapazieren. Wenn es jedoch darüber hinaus kein anderes wirksames Mittel des Wettbewerbs gibt, bleibt nur der Ausweg, nach Möglichkeiten zu suchen, die zwar die offiziellen Preise unberührt lassen, letzten Endes aber doch einen Preiswettbewerb darstellen.

Die Rabattkonkurrenz

Fast in allen Industriezweigen spielt daher die in gleicher Weise beliebte und gefürchtete Rabattkonkurrenz eine wesentliche Rolle: beliebt, weil sie die am ehesten erfolgreiche Marktpolitik für ein einzelnes Unternehmen darstellt; gefürchtet, weil sie bei allgemeiner Anwendung innerhalb eines Wirtschaftszweiges keinem Vorteile bringt, sondern die Gruppenordnung auf dem Markt tiefgreifend zerstört, indem sie das gegenseitige Vertrauen untergräbt. Aus diesem Grunde kann die Rabattkonkurrenz leicht den Zusammenhalt der Gruppe lösen und in einen offenen Preiskampf übergehen.

Der Rabattwettbewerb kann sich in zwei Formen abspielen, da die Rabatte erstens dem Letztverbraucher zugute kommen oder zweitens von den Handelsstufen aufgesogen werden und lediglich eine „Bestechung" des Handels darstellen können. Die letztere Form tritt vor allem in Erscheinung, wenn die Endverkaufspreise durch die vertikale Preisbindung vom Hersteller festgesetzt sind. Der Ausdruck „Bestechung" aber deutet bereits die Gruppenächtung solcher Praktiken an, ebenso wie der Begriff der „Schleuderkonkurrenz". Die Feststellung eventuellen Rabattwettbewerbs wird erleichtert durch das Bruttopreissystem, das selbst wiederum eine Norm oder gar eine Selbstverständlichkeit der Gruppe darstellt. Dieses Preissystem beinhaltet, daß die Hersteller

---

[61] Vgl. Metzger, K.: Marktformen und Marktkonstellationen des deutschen Eisenhandels, Diss. Köln 1956.
[62] Vgl. Mickwitz, G.: The Means of Competition at Various Stages of Production and Distribution, Kyklos, Vol. 11 (1958), S. 513 f.

Bruttopreise festsetzen, von denen dem Handel Nachlässe gewährt werden.

Da sich das Entstehen von Wettbewerb zwischen Unternehmen im allgemeinen zuerst auf dem Rabattsektor bemerkbar macht[63], ist es nur zu verständlich, daß die Gruppe Sicherungen gegen diesen Wettbewerb zu schaffen wünscht, d. h. entsprechende Normen und Institutionen schafft. Wir haben bereits das open-price system besprochen[64], das hier eine wichtige Aufgabe zu erfüllen hat. Die Firmen reichen ihre Bruttopreislisten bei der Meldestelle ein und vermitteln sich damit die Kenntnis der gewährten Rabatte. Ebenso wie sich die Preise — vor allem bei gleichartigen Waren — angleichen, spielen sich auch die Rabattstaffeln der einzelnen Werke mit Hilfe der Bruttopreislisten auf gleicher Höhe ein. Da jedes Unternehmen seine Rabatte autonom ändern kann, bleibt jedoch ein gewisses Unsicherheitsmoment bestehen. Hier zeigt sich ein Ausweg nicht nur in einer selbstgesetzten und freiwillig akzeptierten Gruppennorm, sondern sogar in einer institutionell gesicherten Vereinbarung, dem Rabattkartell. Gern wird mit einer solchen Einrichtung gleichzeitig der Wettbewerb über die Konditionen eingedämmt, indem man sich eines kombinierten Rabatt- und Konditionenkartells bedient.

Sölter begründet dieses Preis- und Rabattsystem u. a. folgendermaßen: „Würde keine durch ein Bruttopreissystem in Verbindung mit einem Rabattsystem in den einzelnen Absatzstufen sichergestellte Ordnung bestehen, wäre ein für alle Beteiligten einschl. den Konsumenten unerwünschter Preiswirrwarr die zwangsläufige Folge[65]." Auch darin kommt zum Ausdruck, daß Rabattkartelle die Unsicherheit über eine Art von Wettbewerbsmaßnahmen beseitigen, die nach der Preispolitik

---

[63] Vgl. „Scharfer Rabattkampf auf dem Schreibmaschinenmarkt", FAZ, Nr. 245 v. 22. 10. 1959;

„Klare Preisverhältnisse schaffen", Die Welt, Nr 286 v. 9. 12. 1959: „Die Tatsache, daß sich in der Ofen- und Herdbranche ein wilder Wettbewerb über Rabatte und Konditionen entwickelt hat, ist nach Ansicht der Marktgemeinschaft ein Grund mehr, dem Antrag (eines Rabatt- und Konditionenkartells, d. Verf.) stattzugeben."

„Neue Rundfunkgeräte von 130 DM an", Handelsblatt, Nr. 97 v. 30. 6. 1959: „Die Vorhersage, daß sich bei freien, kartellrechtlich nicht gebundenen ‚Individualrabatten' das Rabattniveau wieder erhöhen werde, ist voll eingetroffen, so daß die mit den Vorgängen im Frühjahr beabsichtigte Senkung von Preis und Rabatt zu einem guten Teil wieder vorbei ist."

„Der Kühlschrank war wieder Paradepferd", Handelsblatt, Nr. 151 v. 14. 9. 1959: „Dennoch scheint durch diese Gemeinschaftsarbeit (Senkung der Preise unter gleichzeitiger Senkung der Handelsrabatte, d. Verf.) zwischen Industrie, Großhandel und Einzelhandel der Wettbewerb des Versandhaus-Kühlschrankes entschärft und darüber hinaus wenigstens für einige Zeit Frieden im Rabatt- und Preisbindungskrieg eingekehrt zu sein."

[64] Vgl. S. 46 ff.

[65] Sölter, A.: Preislisten — ein unerläßliches Instrument, Handelsblatt, Nr. 109 v. 17. 9. 1958.

für die Unternehmen am empfindlichsten ist. Das drückt auch Gabriel aus: „Wieder wird man feststellen müssen, daß es sonst keinen vernünftigen Grund für den Abschluß eines Rabattkartells geben kann — es sei denn der Wunsch, Rabattstaffeln zu vereinheitlichen, die bisher zwischen den Anbietern stark differierten, und die Gewährung geheimer, individuell gegebener Sonderrabatte zu unterbinden, die von einzelnen oder allen Anbietern über die offiziellen Rabattsätze hinaus eingeräumt wurden[66]." Verstärkt wird die Gruppenwirkung einer solchen Vereinbarung durch die Zusammenarbeit in einem Gesamtumsatzrabattkartell[67]. Neben den Wirkungen dieser Kartellart auf kleinere Produzenten und auf Außenseiter, die allein im finanziellen Bereich liegen, sollten auch jene beachtet werden, die aus dem festeren Gruppenzusammenhalt für den Wettbewerb erwachsen.

Wenn in einer Gruppe bei faktisch tabuierter Preispolitik und weitgehender Gleichartigkeit der Waren der Rabattwettbewerb durch ein Kartell beseitigt wird, so ist das Gruppenziel fast vollständig erreicht. Diese Auffassung findet auch ihren Ausdruck in der Ablehnung des Rabattkartells von acht Handelsrohrherstellern[68]. Die Erste Beschlußabteilung des Bundeskartellamtes begründet ihren Widerspruch mit dem Fehlen wesentlichen Preis-, Konditionen-, Qualitäts- und Servicewettbewerbs. Der Ausschluß des Rabattwettbewerbs hätte damit die letzten Reste eines Wettbewerbs innerhalb der Gruppe beseitigt.

Um einen ähnlichen Fall handelt es sich bei dem Rabatt- und Konditionenkartell der Ofenindustrie. „Die Zweite Beschlußabteilung hat den Widerspruch in erster Linie damit begründet, daß die dem Kartell eigentümliche Verbindung einer Rabatt- und Konditionenregelung mit Preisbindungen der zweiten Hand den Wettbewerb fast völlig ausschließt[69]." Die Marktgemeinschaft Öfen, der organisatorische Zusam-

---

[66] Gabriel, S. L.: Gesamtumsatzrabatte unter wirtschaftlichem Aspekt, WuW 1959, S. 322, zu der Praxis der Rabattdiskriminierung vgl. auch: McKie, J. W.: The Decline of Monopoly in the Metal Container Industry, a. a. O., S. 503.

[67] Vgl. „Reifenindustrie meldet Rabattkartell an", Die Welt, Nr. 10 v. 13. 1. 1960: „Zehn westdeutsche Reifenfabriken haben beim Bundeskartellamt ein Rabattkartell angemeldet. Der Vertrag sieht vor, daß die Reifenhändler außer den Rabatten, die der einzelne Hersteller auf Grund seiner eigenen Lieferung sofort von der Rechnung absetzt, nach Jahresende eine Jahresumsatzprämie erhalten. Die Höhe der Prämie hängt von den Gesamtbezügen ab, die der einzelne Händler bei allen westdeutschen Herstellern bezogen hat."

[68] Bekanntmachung Nr. 1/60 über den Widerspruch gegen einen Rabattkartellvertrag von Unternehmen der Röhrenindustrie, Bundesanzeiger, Nr. 10 v. 16. 1. 1960;
„Röhrenkartell wurde abgelehnt", Handelsblatt, Nr. 4 v. 7. 1. 1960;
„Widerspruch gegen Kartell der Röhrenindustrie", Die Welt, Nr. 5 v. 7. 1. 1960.

[69] „Widerspruch gegen Ofenkartell", Bundesanzeiger, Nr. 84 v. 5. 5. 1959.

menschluß der Gruppe, befürchtet, falls das Kartell nicht zustandekommt, eine allgemeine Preissteigerung. „Der dann zu erwartende Rabattdruck des außerordentlich positionsstarken Handels werde von den Produzenten nur über eine Preiserhöhung ausgeglichen werden können[70]." Nicht die Positionsstärke des Handels ist jedoch der wahre Grund, sondern das angesichts der Marktsituation schwindende Gruppenbewußtsein der Hersteller, das Überwiegen des Eigeninteresses gegenüber dem Gruppeninteresse. Der Zusammenhalt kann in einer solchen Lage nur noch — wenn überhaupt — durch eine Zementierung der Normen mit Hilfe eines Kartells gerettet werden.

Die vertikale Preisbindung

Von Interesse ist für uns weiterhin die Kopplung dieser Kartellverträge mit der vertikalen Preisbindung.

Wir brauchen uns nicht im einzelnen mit dieser Form der Preispolitik, ihrem Für und Wider, auseinanderzusetzen. Es läßt sich jedoch sagen, daß die Preisbindung der zweiten Hand einen nicht zu unterschätzenden Sicherheitsfaktor in den Wirtschaftsplänen der Unternehmen einer Gruppe darstellt. Jedes Unternehmen weiß, zu welchem Preis die Produkte seiner Konkurrenten an jedem Ort und zu jeder Zeit angeboten werden. Die Möglichkeit autonomer Preisänderungen wird durch die Bindung der Endverbraucherpreise dem Worte nach nicht berührt, der Sache nach jedoch erschwert. Eine Änderung der Preise erfordert eine Benachrichtigung aller Händler, die die Preisbindungsreverse des Unternehmens unterschrieben haben, sei es durch den Hersteller selbst oder dessen Vertragsgroßhändler. Bei bestimmten Gütern — vor allem bei langlebigen Gebrauchsgütern — macht eine Preissenkung Differenzgutschriften für die Lagerbestände des Handels erforderlich. In jedem Falle aber ist eine Preisänderung augenblicklich in der ganzen Branche bekannt und veranlaßt Reaktionen in irgendeiner Form.

Gestärkt wird die Sicherheit, die sich aus der Preisbindung für die Gruppe ergibt, durch die Aktivierung bestimmter Normen, etwa der Verbindung gleichbleibender Qualität mit gleichbleibendem Preis. Die Wechselwirkung zwischen der verbreiteten Unkenntnis der Kunden in bezug auf das Produkt und der bewußten Einflußnahme der Markenartikelhersteller auf diese Preis-Qualitäts-Vorstellung hat als Ergebnis eine weitgehende Preisstarrheit[71].

---

[70] „Kein Verzicht auf Marktstrategie", Handelsblatt, Nr. 124 v. 11. 12. 1959.

[71] Vgl. Sels, L.: Wettbewerbsprobleme in der deutschen Seifen- und Waschmittelindustrie, a. a. O., S. 175.
Scitovsky, T.: Ignorance as a Source of Oligopoly Power, a. a. O., S. 52.

Außerdem ist die Einführung der Preisbindung durch die meisten oder alle Unternehmen einer Branche nicht zuletzt eine Folge der Gruppenwirkung, die gar nicht bis zu einer Absprache zu gehen braucht[72]. Besonders auffällig ist dieser Vorgang, wenn es sich bei den preisgebundenen Produkten keineswegs um „klassische Markenartikel" handelt, denen die vertikale Preisbindung als unabdingbar zugeschrieben wird[73].

Das Basing-point System

Eine weitere Möglichkeit verborgenen Preiswettbewerbes bezieht sich auf die Frachtkosten, die von den Herstellern gleichartiger und transportkostenempfindlicher Güter teilweise oder vollständig übernommen werden, um Kunden zu gewinnen. Die Ausschaltung dieses Wettbewerbs innerhalb einer Gruppe kann wirksam nicht durch unverbindliche Normen erreicht werden, sondern bedarf einer gemeinsamen Institution, des „basing-point system"[74]. Dieses System der Frachtbasen sorgt dafür, daß Abnehmern nicht die tatsächlich entstandene Fracht vom Lieferwerk aus berechnet wird, sondern ein fiktiver Betrag, dem die Entfernung des Abnehmers von einer vereinbarten einheitlichen Frachtbasis zugrunde liegt. Die tatsächliche Entfernung zwischen Bestimmungsort und Lieferwerk spielt dabei keine Rolle[75]. Das System setzt eine Abmachung zwischen den Unternehmen voraus und geht damit über die Institution von Preiszonen hinaus, die sich aufgrund bewußt gleichen Verhaltens ohne konkrete Absprachen bilden können[76].

Die Meinungen bei der Beurteilung des basing-point system gehen weit auseinander, wie die Diskussion insbesondere in der amerikanischen

---

[72] Vgl. Büntig, H.: Kartellersatz durch vertikale Preisbindung, a. a. O., S. 162. Büntig führt einheitliche Preisbindungssysteme auf ein Zusammenwirken der Unternehmen oder auf die Führerschaft eines Unternehmens zurück.
Vgl. auch „Widerspruch gegen Ofenkartell", a. a. O.: „Hinzu kommt, daß die Einführung der Preisbindung der zweiten Hand nicht autonom, sondern auf Grund einer nach § 1 GWB verbotenen horizontalen Absprache erfolgt ist."
[73] Vgl. Röper, B.: Die vertikale Preisbindung ist kein Kartellersatz, a. a. O., S. 302, insb. Anm. 10.
[74] Vgl. Wessels, Th.: Unternehmungszusammenschlüsse, (II) Wirtschaftliche Problematik, a. a. O., S. 558 f.
[75] Vgl. Engelmann, F.: Der Kampf gegen die Monopole in den USA, a. a. O., S. 106.
Metzger, K.: Marktformen und Marktkonstellationen des deutschen Eisenhandels, a. a. O., S. 45 f.
Eine Zusammenstellung der Wirtschaftszweige in den USA, in denen das basing-point system üblich ist, gibt Machlup, F. (The Basing-point System, Philadelphia-Toronto 1949, S. 17).
[76] Vgl. Machlup, F.: The Political Economy of Monopoly, a. a. O., S. 90.
Von Preiszonen spricht man, wenn innerhalb bestimmter Gebiete gleiche Lieferpreise für sämtliche Bestimmungsorte gelten.

80 Das Unternehmerverhalten unter dem Einfluß von Gruppennormen

Literatur zeigt. Sie reichen von der Auffassung, das System sei ein wesentlicher Bestandteil von Absprachen, bis zu der Überzeugung, es sei eine logische und mehr oder weniger unvermeidliche Entwicklung infolge bestimmter Marktcharakteristika[77].

Es ist sicherlich richtig, daß man eine Unterscheidung machen muß zwischen Preispolitik auf der einen und dem Mechanismus, sie auszuführen, auf der anderen Seite, wie Marengo es ausdrückt[78]. Er folgert daraus, daß das basing-point system nur einen Typ preispolitischen Verhaltens ausdrücke und formalisiere, der aus anderen Gründen als der „collusion" entstehe[79].

Die Entstehungsgründe für das System der Frachtbasen liegen zwar im Markt selbst, man sollte aber nicht übersehen, daß seine Folgen in der Beseitigung der Ungewißheit über eine Wettbewerbsmaßnahme in den Wirtschaftsplänen der Unternehmen — nämlich über die den Kunden berechneten Frachtkosten — liegen[80]. Das System kann durch eine Vergrößerung der Märkte, die Erhöhung der Markttransparenz und die Eliminierung von Wettbewerbsmitteln, die eine Preisklarheit verhindern, zu einer Verstärkung des Wettbewerbs beitragen; für eine Gruppe von Unternehmen, deren Ziel die Vermeidung und Beseitigung des Wettbewerbs ist, bedeutet dieses Instrument jedoch eine Sicherung gegen ein gefährliches Mittel des Konkurrenzkampfes, die umso besser wirkt, da sie institutionalisisiert ist.

Preisuniformität

Das Ergebnis derartiger Gruppennormen im Rahmen der Preispolitik, die wir sicherlich nicht vollständig erfaßt haben, ist eine weitgehende Stabilität der Preise, die wiederum ein Anzeichen von Gruppenbewußtsein darstell[81]. Edwards bezeichnet diesen Punkt als Möglichkeit, zu einer Unterscheidung zwischen „competition" und „conspiracy" zu kommen[82]. Preise, die im Wettbewerb entstehen, sind nicht immer uniform

---

[77] Vgl. Marengo, L.: The Basing Point Decisions and the Steel Industry, in: The Impact of Antitrust Laws, AER, Vol. 45, 1 (1955), Papers and Proceedings, S. 514.

[78] Marengo, L.: The Basing Point Decisions and the Steel Industry, a. a. O., S. 514.

[79] Marengo, L.: ebenda, S. 518.

[80] Marengo, L.: ebenda, S. 8: „In effect, it eliminates the uncertainty which oligopolistic sellers normally have about their rivals' prices."

[81] Vgl. Bartholomeyczik, H.: Marktbeherrschende Unternehmen, a. a. O., S. 521.

[82] Edwards, C. D.: Distinguishing Competition and Conspiracy, a. a. O., S. 242 f.: „Though price uniformity for brief periods is characteristic of competition as well as of conspiracy, continuous price uniformity, rigidly adhered to over long periods, justifies an inference of conspiracy which grows in strength with each increase in the rigidity and duration of the structure."

und können nicht zu jedem Zeitpunkt von den Konkurrenzunternehmen mit Sicherheit angegeben oder gar vorausgesagt werden. Es ist daher nicht verwunderlich, wenn Stigler es als das beste Mittel, dieses Verhalten zu verbergen, bezeichnet, wenn die Unternehmen mit dem Einverständnis aller die angestrebten Preise leicht über- oder unterschreiten[83].

Disziplinierte Preissenkungen

Aber selbst ein Sinken der Preise braucht nicht in jedem Falle auf Wettbewerb zurückzuführen sein. So ist es z. B. üblich, wesentlich neue Artikel, vor allem Gebrauchsgüter, zu einem relativ hohen Preis auf den Markt zu bringen und im Laufe der Zeit durch langsames Nachgeben mit fortschreitender Sättigung der oberen Käuferschichten auch die niedrigeren zu erschließen[84]. Gründe für den hohen Einführungspreis sind erstens die relativ unelastische Preiselastizität der Nachfrage für ein neues Produkt, zweitens die Möglichkeit, die unterschiedliche Kaufkraft und Nachfrageelastizität einzelner Käuferschichten auszunutzen, drittens der Versuch, möglichst schnell die hohen Entwicklungskosten zu verdienen, und viertens die Absicht, die relativ hohen Kosten der Produktion und vor allen Dingen des Vertriebs im Anfang auszugleichen.

Preissenkungen dieser Art können sehr geordnet vor sich gehen und brauchen dem Gruppenziel keineswegs zu widersprechen. Die Normen der Gruppe beziehen sich in einem solchen Fall nicht auf eine Starrheit der Preise, sondern auf ein mit dem Einverständnis und zum Nutzen aller vorgenommenes Abschöpfen der Konsumentenrenten. Um einen echten Wettbewerb mit der Drohung ruinöser Konkurrenz handelt es sich dabei keineswegs.

Untersützt werden können die Normen einer Gruppe von Unternehmen zudem durch die nachfolgende Produktions- oder Handelsstufe. Das ist besonders auffällig bei der vertikalen Preisbindung, an der der Fachhandel stark interessiert ist. Appelle des Handels an die Hersteller, die Preisbindung allgemein einzuführen und — als notwendige

---

[83] Stigler, G. J.: The Theory of Price, a. a. O., S. 240: „The best policy of concealment for collusive oligopolists at the present time is to purchase a table of random numbers and quote agreed prices subject to a small random addition or subtraction."

[84] Vgl. Röpke, W.: Die Lehre von der Wirtschaft, 7. veränd. u. verm. Aufl., Erlenbach-Zürich — Stuttgart 1954, S. 199.
Dean, J.: Pricing Policies for New Products, in: Backman, J.: Price Practices and Price Policies, S. 369 f.

Folge — ihre Lückenlosigkeit zu garantieren, stärken ohne Zweifel das Gruppenbewußtsein[85].

Wir haben nunmehr eine Reihe von Möglichkeiten kennengelernt, mit denen Unternehmen, die sich zu einer Gruppe zusammengefunden haben, Unsicherheiten über die Preispolitik ihrer Konkurrenz beseitigen können. Durch Normen, die auf eine Selbstbeschränkung zugunsten der Gruppe zurückgehen, und durch entsprechende Institutionen wird Schritt um Schritt das Schreckgespenst des Preiswettbewerbs verkleinert. Insbesondere bei den freiwilligen und nicht organisierten Beschränkungen innerhalb der Gruppe ergeben sich Berührungspunkte zu der Boulding'schen Theorie des Leitbildes. Besteht das Leitbild der Unternehmen nicht in einer kurzfristigen individuellen Gewinnmaximierung, sondern ist es „weit und hochentwickelt, in dem Sinne, daß jede Firma wohl weiß, daß Vorteile an Preissenkungen nur kurzfristiger Natur sein können, so ist die Versuchung zur Preissenkung weit geringer, und wir können vielleicht außerordentlich stabile Verhältnisse haben, selbst ohne irgendeine formelle Verständigung"[86]. Eben dieses Leitbild besteht in einer Gruppe von Unternehmen, die sich durch einen festen Zusammenhalt auszeichnet.

4. Produktionsbeschränkung als Norm

Theorie und Praxis zeigen immer wieder, daß Anbieter in monopolistischer Marktposition die Produktion, nicht den Preis, einer veränderten Nachfrage anzupassen suchen[87]. Ein Sinken der Nachfrage hat bei einem Monopolisten eher eine Produktionsbeschränkung als eine Preissenkung zur Folge. Ritschel betrachtet als eine Voraussetzung wirksamer Monopole, daß diese in der Lage sind, „Angebot oder Nachfrage gradweise einzuschränken, um als Anbieter einen überhöhten, als Nachfrager einen unter dem Marktpreis liegenden Monopolpreis zu erzielen"[88].

---

[85] Vgl. „Schallplattenfirmen erwägen Preisbindung", Blick durch die Wirtschaft, Nr. 97 v. 27. 4. 1959: „Der Fachhandel drängt aber darauf, daß auch die anderen Firmen ihre Erzeugnisse fester binden. Er fürchtet nämlich, daß aus den eigenen Reihen oder von neu in den Markt tretenden Wettbewerbern eines Tages der bisherige Eckpreis von 4 DM für die einfache 17-Zentimeter-Platte unterboten wird und damit das ganze Preisgefüge durcheinandergerät."

„Preisbindungsappell an die Industrie", Industriekurier, Nr. 162 v. 20. 10. 1959.

[86] Boulding, K.: Die neuen Leitbilder, Düsseldorf 1958, S. 86.

[87] Vgl. Eucken, W.: Wettbewerb, Monopol und Unternehmer, Bad Nauheim 1953, S. 12 f.

[88] Ritschl, H.: Voraussetzungen wirksamer Monopole, zitiert in: MA 1954, S. 733.

Vgl. weiterhin Eucken, W.: Grundsätze der Wirtschaftspolitik, a. a. O., S. 38.

Wenn zwischen Unternehmen Solidarität herrscht, wird man infolgedessen auch Gruppennormen finden können, die den einzelnen Anbieter zu einer Produktionsbeschränkung veranlassen, um das Preisniveau der Gruppe zu erhalten[89].

Ein solcher Anspruch der Gruppe an das einzelne Mitglied ist eine notwendige Folge, wenn nicht die mühsam aufgebaute Ordnung auf dem Gebiet der Preise zerstört werden soll. Diese Normen sind ungleich schwerer festzustellen als die bisher behandelten, da sie in den meisten Fällen eingehende Marktuntersuchungen erforderlich machen. Daß sie jedoch vorhanden sind, kommt sehr deutlich in der proklamierten freiwilligen Produktions- und Expansionsbeschränkung einzelner Hersteller zum Ausdruck, die das Verhalten der Gruppenmitglieder beeinflussen und z. T. bewußt im Sinne einer Führerschaft steuern wollen.

Ein Beispiel solcher gemeinsamer Aktion ist die Eindämmung des Wettbewerbs zwischen den Herstellern von Fernsehgeräten in einer vergangenen Periode scharfen Rabattwettbewerbs, zunehmender Direktgeschäfte und damit sich vergrößernder Lückenhaftigkeit der Preisbindung: „Jedermann ist davon überzeugt, daß sich nur bei einer weisen Produktionspolitik die Marktturbulenz der letzten Monate vermeiden lassen wird. Obwohl diese Erkenntnis auch früher schon sehr häufig ausgesprochen wurde, scheint es doch der Nackenschläge des Frühjahrs bedurft zu haben, um die Konsequenzen zu ziehen"[90].

Durch eine solche gemeinsame „Anpassung an den Bedarf" wird sowohl das Preisniveau gesichert als auch der nach einer Phase stürmischer Aufwärtsentwicklung zu erwartende Auslesewettbewerb vermieden.

Der Zusammenhalt einer Gruppe spiegelt sich auch in den Worten des Vorstandsvorsitzenden der Deutschen Shell A. G., Hubert van Drimmelen, wider: „Für die Ölversorgung und jeden denkbaren Zuwachs gibt es genügend Öl in der Welt. Die westdeutschen Raffinerien werden aber nur dem jeweiligen Bedarf entsprechende Mengen verarbeiten. Unsere Planung ist verbrauchsorientiert"[91].

---

[89] Vgl. Ohm, H.: Oligopolistische Preisführerschaft und Kartellgesetz, a. a. O., S. 25: „Da in der Regel die bereits im Markt befindlichen Oligopolisten ihre Kapazität unzureichend nutzen..."
Vgl. auch die Ausführungen zum Kontingent-Kartell von Wessels, Th.: Unternehmungszusammenschlüsse, (II) Wirtschaftliche Problematik, a. a. O., S. 556 ff.

[90] „Fernsehproduktion braucht weise Beschränkung", Handelsblatt, Nr. 59 v. 1./2. 5. 1959.
„1960: Zwei Millionen Fernsehempfänger", Handelsblatt, Nr. 199 v. 20./21. 11. 1959: „Auf der Mitgliederversammlung der Fachabteilung ‚Rundfunk und Fernsehen' im ZVEI erfuhr man, daß die Fernsehgerätehersteller ihre im Sommer (nach dem Frühjahrswirrwarr) abgegebenen Versicherungen bezüglich einer maßvollen Produktionspolitik eingehalten haben."

[91] „Energieprobleme nicht durch Dirigismus lösen," Die Welt, Nr. 267 v. 15. 11. 1958.

Auf der gleichen Ebene liegt die Veröffentlichung der Shell A. G. lt. Handelsblatt vom 5./6. Juni 1959[92]. Hier übernimmt die Firma die Führerrolle, indem sie eine Norm für die Gruppe setzt, an die sie sich selbst hält und von der sie hofft, daß sie auch von den Konkurrenten akzeptiert wird. Es wird an dieser Stelle eine Verbindung zu dem folgenden Paragraphen sichtbar, da eine Wettbewerbsmaßnahme im Rahmen der non-price competition in die bestehende Ordnung einbezogen wird, die eine Bedrohung für die Gruppe darzustellen beginnt. Ein gefährlich werdendes Ventil wird verstopft.

Auch diese Normen können durch die Handelsstufen Unterstützung erfahren, da sich entstehender Wettbewerb selten auf die Hersteller beschränkt, sondern auf den Handel übergreift. Das tritt vor allem dann ein, wenn der Wettbewerb auf unkoordinierte Produktionspläne der Unternehmen zurückgeht; wenn die Gruppe keine Norm der Beschränkung durchsetzen kann[93].

5. Gruppennormen im Rahmen des Nicht-Preis-Wettbewerbs

Es ist ein auffallendes Merkmal der modernen Wirtschaft, daß sich der Wettbewerb mehr und mehr in Qualitätsverbesserungen, Kundendienst usw., nicht dagegen auf dem Gebiet der Preise, abspielt, soweit die Art des Gutes ein solches Marktverhalten zuläßt. Diese Entwicklung hat mehrere Gründe, wie z. B. die sich immer noch verstärkende Hilflosigkeit der Käufer gegenüber den technisch ausgefeilten Produkten, die ihnen die Industrie präsentiert. In gewissem Sinne handelt es sich um eine Anpassung der Hersteller an die Mentalität ihrer Kunden[94].

Ein für uns interessanter Grund für die Vorherrschaft der non-price competition liegt in dem Wunsch voneinander abhängiger Unternehmen, auf weniger „gefährliche" Wettbewerbsmethoden überzugehen, als

---

[92] „Shell verzichtet auf neue Tankstellen", Handelsblatt, Nr. 81 v. 5./6. 6. 1959: „Die Deutsche Shell AG., Hamburg, beabsichtige nicht, ihr Tankstellennetz in der Bundesrepublik weiter auszubauen, erklärte Dir. Hans Thiem von der Niederlassung München anläßlich der Eröffnung einer neuen Zweigniederlassung in Augsburg. Durch den Verzicht auf eine Expansion wolle die Shell AG. auch auf andere Firmen beruhigend wirken."

[93] Vgl. „Rundfunkhandel möchte bremsen", Handelsblatt, Nr. 146 v. 7. 9. 1959: „Deshalb wird der zuständige Spitzenfachverband des Einzelhandels aufgefordert, seine Wünsche nach lückenloser Preisbindung und nach Herabsetzung der Produktionszahlen nachdrücklich weiter zu vertreten."

[94] Vgl. Backman, J.: Price Practices and Price Policies, a. a. O., S. 89.
Mickwitz, G.: The Means of Competition at Various Stages of Production and Distribution, a. a. O., S. 514.
Robinson, E. A. G.: The Structure of Competitive Industry, rev. ed., London-Cambridge 1953, S. 70.

sie die Preispolitik darstellt[95]. Auch Maßnahmen des Nicht-Preis-Wettbewerbs fordern Reaktionen der Konkurrenten heraus. Es ist jedoch zu erwarten, daß sie weniger schnell und weniger schlagkräftig erfolgen oder vielleicht sogar einmal ganz ausbleiben[96]. Ein durch die non-price competition erreichter Vorsprung eines Unternehmens hat demnach die Chance, von größerer Dauer zu sein, und das allein genügt, um die Preispolitik in den Hintergrund zu drängen.

Nun ist die non-price competition keineswegs in dem Sinne ungefährlich, daß sie nicht in ruinöser Konkurrenz enden könnte. Dieses Stadium des Wettbewerbs kann dann eintreten, wenn die Kosten über die Preise hinaus gesteigert werden[97]. Es stellt sich daher auch hier für uns die Aufgabe, nach Gruppennormen zu suchen, die den Ausbruch eines solchen Konkurrenzkampfes verhindern, bzw. ihr Fehlen zu erklären.

Wenn man die erstaunlichen Produktverbesserungen der letzten Jahre und Jahrzehnte, den ungeheuren Aufwand für Service, Werbung, Vertriebsorganisation, die Entwicklung neuer Varianten usw.[98] betrachtet, erwartet man kaum Normen, die einer Beschränkung dieser Art von Wettbewerb dienen. In der Tat sind sie auch nicht in einer solchen Vielzahl und Strenge vorhanden, wie im Bereich der Preispolitik.

Beseitigung von Qualitätsunterschieden

Edwards macht auf eine solche Norm aufmerksam, und zwar versuchen Anbieter weitgehend gleichartiger Waren nicht, die Differenzen ihrer Produkte — und seien sie auch noch so geringfügig — zu betonen. Sie heben im Gegenteil die Gleichartigkeit hervor und leugnen bestehende Qualitätsunterschiede[99].

Eine so weitgehende gegenseitige Rücksichtnahme hat ihren Grund in dem Tabu der Preispolitik, das in den meisten Fällen für gleichartige Waren besteht, wie wir festgestellt haben. Bei gleichen Preisen müßten unterschiedliche Qualitäten aber beträchtliche Nachfrageverschiebungen

---

[95] Vgl. Ohm, H.: Oligopolistische Preisführerschaft und Kartellgesetz, a. a. O., S. 24.
[96] Vgl. Bain, J. S.: Pricing, Distribution and Employment, a. a. O., S. 201.
[97] Vgl. Chamberlin, E. H.: The Product as an Economic Variable, a. a. O., S. 4.
[98] Vgl. Brems, H.: Some Problems of Monopolistic Competition, Diss. Copenhagen 1949, S. 14.
Nelson, S. und W. G. Keim: Methods of Nonprice Competition, a. a. O., S. 97.
[99] Edwards, C. D.: Distinguishing Competition and Conspiracy, a. a. O., S. 241: „By contrast, it is common under price conspiracies for producers to insist upon the uniformity of their product, to deny the existence of quality differences which may actually be important, and either to refrain from making improvements or to refrain from calling attention to them until the entire industry is ready to move simultaneously."

auslösen, die bei entsprechender Stärke geeignet wären, die Gruppe zu sprengen. Die Unternehmen sind also, wenn sie ihr gemeinsames Ziel erreichen wollen, gezwungen, auch Normen für die non-price competition zu schaffen. An dieser Stelle muß auch die Qualitätsnormung genannt werden, die dieses Vorgehen wesentlich unterstützt. Bei allen Vorteilen genormter Artikel für den Kunden sollte man auch diesen Aspekt beachten.

Kontrolle der Absatzwege

Eine zweite Norm auf dem Gebiete der non-price competition kann in der Auswahl der Absatzwege liegen. Je stärker die Kontrolle der Gruppenmitglieder über die Absatzwege ist, desto schwerer wird es einem von ihnen, hier einen Vorsprung zu erringen. Wichtiger aber ist vielleicht noch die Tatsache, daß die Unternehmen selbst die Entscheidung über die Stärke des Wettbewerbs behalten und nicht durch die nachfolgenden Stufen ungewollt in einen Konkurrenzkampf getrieben werden können. Büntig weist darauf hin, daß diese Gruppennorm z. T. in der Preisbindung verankert wird, indem die Geschäftsbedingungen und Absatzwege zusätzlich in den Reversen vorgeschrieben werden[100]. Die Diskussion um die Zusammenarbeit der Deutschen Grammophon-Gesellschaft mit dem Bertelsmann-Schallplattenring beweist, welche Aufmerksamkeit die Absatzkanäle auf sich ziehen[101]. Mit diesen Ausführungen soll nicht gesagt werden, daß die Wahl der Absatzwege und ihre Beschränkung lediglich oder zuallererst auf das Ziel der Unternehmen als Gruppe abgestimmt werden. Sicherlich spielt hier die Art des Gutes eine bedeutsame Rolle[102], nichtsdestoweniger läßt sich ein Gruppeninteresse in dem beschriebenen Verhalten nicht verkennen.

Nicht-Preis-Wettbewerb als „Ventil"

Alles in allem läßt sich jedoch sagen, daß unsere Bemühungen um das Aufspüren wettbewerbsbeschränkender Gruppennormen im Bereiche der non-price competition weitaus weniger erfolgreich sind als in der Preispolitik. Dafür gilt es, eine Erklärung zu finden, die uns vielleicht die Gruppendynamik liefert.

---

[100] Büntig, H.: Kartellersatz durch vertikale Preisbindung, a. a. O., S. 149.

[101] „Deutsche Grammophon-Gesellschaft fährt zweigleisig", Einzelhandelsnachrichten, Nr. 12/13 v. 23. 6. 1959.

[102] Vgl. „Ergebnis des Ersten Braun-Wettbewerbs für Absatzwirtschaft", in: die absatzwirtschaft, Heft 1/1959, S. 10 f.
Knauth, O.: Business Practices, Trade Position, and Competition, a. a. O., S. 17.

Die Mitglieder einer Gruppe können sich nicht einem derartig weitgesteckten Normengefüge unterwerfen, daß ihnen überhaupt keine Handlungsfreiheit mehr bliebe. Wäre die Ordnung innerhalb der Gruppe zu starr, bedeutete das eine schwerwiegende Bedrohung von innen. Die Ausnutzung von der Gruppe gewährter Handlungfreiheit durch die Gruppenangehörigen ist andererseits ein Beweis dafür, daß die errichtete Ordnung respektiert wird. Solange sich die Mitglieder in dem ihnen zugestandenen Bereich betätigen, besteht die Gewähr, daß die Normen, die die Freiheit der einzelnen zugunsten der Gruppe einengen, auch beachtet werden. In diesem Sinne stellt Hofstätter fest, „daß der in einem Gesellschaftssystem bestehende Spielraum der Freizügigkeit nicht nur eine Reihe von Möglichkeiten, sondern auch einen Anspruch beinhaltet. Im Rahmen der definierten Grenzen darf sich das Individuum nicht nur anders verhalten als seine Nachbarn, es wird sogar von ihm erwartet oder verlangt"[103].

Auch Fellner ist der Meinung, daß innerhalb eines koordinierten Oligopols Ventile für einen Wettbewerb vorhanden sein müssen[104]. Eine Veränderung der Marktdaten verlangt die Anwendung gewisser Wettbewerbsformen, wenn nicht das Gleichgewicht innerhalb der Gruppe gestört werden soll. Da die non-price competition beträchtlich ungefährlicher für den Zusammenhalt der Gruppe ist als die Preispolitik, ist es erklärlich, daß wir hier die Ventile finden, die den Druck auf das Ordnungsgefüge regulieren.

Eine besondere Form des Wettbewerbs, nämlich die Einführung neuer Preisklassen, neuer Marken u. ä. unter großem Werbeaufwand, wie es z. B. in der Zigarettenindustrie geschieht, ist in diesem Zusammenhang zu beachten[105]. Der Werbeaufwand selbst unterliegt dabei in gewissem Maße einer Kontrolle durch die öffentliche Meinung, wenn auch der Einfluß auf die unternehmerischen Wirtschaftspläne beschränkt bleibt.

In dem vorliegenden Kapitel haben wir versucht, näheren Einblick in die Betätigung der Gruppe zu gewinnen, ohne daß es uns allerdings gelungen wäre, ein lückenloses Verhaltensschema zu erstellen. Es ist aber zum Ausdruck gekommen, wie stark eine Gruppe das Verhalten ihrer Angehörigen beeinflussen und lenken kann. Nicht zuletzt an dem Vorhandensein von Gruppennormen der beschriebenen und ähnlicher Art läßt sich der Zusammenhalt einer Gruppe, das Bewußtsein des Gemeinsamen, das Wir-Gefühl erkennen.

---

[103] Hofstätter, P. R.: Einführung in die Sozialpsychologie, a. a. O., S. 63 f.
[104] Fellner, W.: Collusion and its Limits under Oligopoly, a. a. O., S. 56.
[105] Vgl. dazu Lanzillotti, R. F.: Multiple Products and Oligopoly Strategy, a. a. O., S. 467.

Wettbewerbsregeln

Auch Wettbewerbsregeln von Wirtschafts- und Berufsvereinigungen, die gem. § 28 GWB nach Antrag bei der Kartellbehörde und Eintragung in ein Register Gültigkeit erlangen, müssen unter Umständen in diesem Licht gesehen werden. Derartige Regeln dürfen zwar nur den Zweck haben, „einem den Grundsätzen des lauteren Wettbewerbs zuwiderlaufenden Verhalten im Wettbewerb entgegenzuwirken und ein diesen Grundsätzen entsprechendes Verhalten im Wettbewerb anzuregen" (§ 28 GWB), vermitteln jedoch sichere Kenntnisse über bestimmte Verhaltensweisen, die die Solidarität einer Gruppe von Unternehmen verstärken. Sie gewinnen für uns an Bedeutung, da sie ausdrücklich als Schutz vor ruinösem Wettbewerb geschaffen worden sind[106]. Selbst wenn diese Wettbewerbsregeln nicht ausgesprochen mißbräuchlich gehandhabt werden, können sie im Zusammenhang mit anderen Gruppennormen zu einer Beseitigung des Wettbewerbs führen.

---

[106] Vgl. Müller, H. und G. Gries: Kommentar zum GWB, a. a. O., S. 207, 209.

Schluß

Es läßt sich kaum ein interessanteres Gebiet der Forschung denken als das menschliche Verhalten. Auch die vorliegende Arbeit ist als ein Teilstück einer umfassenden Erforschung menschlicher Verhaltensweisen zu werten, da es kein spezifisch wirtschaftliches Verhalten einer besonderen Gattung Mensch, etwa der Unternehmer als homines oeconomici gibt[1].

Gegenstand unserer Untersuchungen war das Verhalten von Unternehmen, das ohne vertragliche Vereinbarungen, die unter das Kartellverbot fallen, zu einer Beseitigung des Wettbewerbs führt. Wir haben uns diesem Problem mit Hilfe der Sozialpsychologie genähert und versucht, deren Erkenntnisse über das Verhalten von Menschen als Angehörige einer gleichen sozialen Gruppe zu verwenden.

Ergebnisse für die Sozialpsychologie

Die Theoreme der Gruppendynamik lieferten der vorliegenden Arbeit die Möglichkeiten, das Marktverhalten reaktionsverbundener Unternehmen zu erklären. Auf der anderen Seite stellt die Untersuchung eine Erhärtung dieser Theoreme und ihre Überprüfung an der Wirklichkeit dar, und zwar auf einem bisher von der Sozialpsychologie kaum beachteten Gebiet. Wir haben gesehen, unter welchen Bedingungen Unternehmen, von denen man in unserer Wirtschaftsordnung infolge ihrer Interdependenz Wettbewerb erwarten müßte, zu einer Gruppe zusammenfinden, in der das Solidaritätsgefühl, statt des Strebens nach individueller Gewinnmaximierung, das Handeln bestimmt[2]. Die Zugehörigkeit zu einer solchen Gruppe aber beeinflußt das Verhalten der Unternehmen, ihr Verhältnis zueinander und ihre Einstellung zu den Konkurrenten, die der Gruppe fernbleiben[3]. Das Gruppenziel, das in der Sicherung vor ruinöser Konkurrenz, in der Beseitigung des Wettbewerbs besteht, aber wird erreicht durch die Schaffung einer Ordnung, in der das Verhalten der Unternehmen dem Leitbild der Solidarität unterliegt. Konformes Marktverhalten oder die Entstehung von Führer-Gefolg-

---

[1] Vgl. Schmölders, G.: Ökonomische Verhaltensforschung, Arbeitsgemeinschaft für Forschung des Landes Nordrhein-Westfalen, Heft 71, S. 41.
[2] Vgl. S. 32 ff.
[3] Vgl. S. 53 ff.

schaft-Beziehungen bilden dabei die Grundlage, auf der spezielle Verhaltensnormen als Pfeiler der Gruppenordnung errichtet werden können[4].

Ergebnisse für die Oligopoltheorie

Die Oligopoltheorie, die den wirtschaftswissenschaftlichen Ausgangspunkt unserer Untersuchung bildete, hat durch die Heranziehung der Sozialpsychologie als Hilfswissenschaft eine Erweiterung erfahren. Die Betrachtung des Oligopols im Lichte der Gruppendynamik bietet die Möglichkeiten für eine Theorie der „collusion"[5], an der das Entscheidende ihre Wirklichkeitsnähe ist. Die Tatsache aber, daß sich Unternehmen als Angehörige einer zielorientierten Gruppe verhalten, ermöglicht Erklärungen für manche unternehmerischen Verhaltensweisen und Beobachtungen von Wirtschaftswissenschaftlern oder läßt sie unter einem anderen Aspekt erscheinen[6].

Ergebnisse für das Wettbewerbsrecht

Ein Hauptanliegen dieser Arbeit ist die Einordnung ihrer Ergebnisse in den Rahmen des Gesetzes gegen Wettbewerbsbeschränkungen und ihre Konfrontation mit dem Text des § 22 Abs. 2 GWB.

Die gesetzliche Behandlung unternehmerischer Marktpositionen, die durch das Fehlen von Wettbewerb bzw. durch seine Beschränkung gekennzeichnet sind, muß letztlich auf zwei Tatbestände zurückgehen. Die Stärke einer Marktstellung kann erstens einem einzelnen Unternehmen zugehören oder zweitens einer Gesamtheit von Unternehmen. Wir weichen mit dieser grundsätzlichen Auffassung bereits von der Systematik des GWB ab, dessen wesentliche Unterscheidung in den Begriffen Verbots- und Mißbrauchsgesetzgebung wurzelt.

Für die Frage, ob ein Unternehmen marktbeherrschend ist, muß das Vorhandensein von Wettbewerb gegenüber anderen Unternehmen von entscheidender Bedeutung sein. Im Gegensatz zu diesem Tatbestand muß bei einer Gesamtheit von Unternehmen eine Trennungslinie zwischen Wettbewerb im Innenverhältnis und Wettbewerb im Außenverhältnis gezogen werden. Weiterhin kann der Wettbewerb im Innenverhältnis erstens durch rechtliche Vereinbarungen in der Form des Kartells und zweitens durch tatsächliches Verhalten der Unternehmen als Angehörige einer zielorientierten sozialen Gruppe beseitigt werden.

---

[4] Vgl. S. 61 ff.
[5] Vgl. S. 63, Anm. 11.
[6] Vgl. z. B. unsere Ausführungen zu den open-price systems (S. 46 ff.), der Marktführerschaft (S. 64 ff.), der vertikalen Preisbindung (S. 78 f.), den basing-point systems (S. 79 f.) usw.

Schluß

Gegen die erste Art gemeinsamer Wettbewerbsbeschränkung geht unsere derzeitige Gesetzgebung mit einem Verbot — abgesehen von einigen Erlaubnisfällen — vor, im letzteren Fall muß sie sich zwangsläufig einer Mißbrauchsaufsicht bedienen, ebenso wie gegenüber der Marktbeherrschung eines einzelnen Unternehmens. Die entscheidende Zäsur aber befindet sich zwischen der Behandlung eines einzelnen Unternehmens und einer Gesamtheit von Unternehmen.

Für die Voraussetzung des fehlenden Außenwettbewerbs, wie sie § 22 Abs. 2 GWB aufstellt, ist in dieser Systematik kein Platz. Interessant kann für den Wirtschaftsjuristen nur die Frage nach der Intensität des Wettbewerbs innerhalb einer Gruppe von Unternehmen sein. Dieser Tatsache ist bei der Unterwerfung des Kartells unter das generelle Verbot des § 1 GWB Rechnung getragen worden[7]. Die Frage, ob ein Kartell im Außenverhältnis wesentlichem Wettbewerb ausgesetzt ist oder nicht, spielt zwar für die wirtschaftliche Effizienz des Vertrages, nicht aber für sein gesetzliches Verbot eine Rolle. Analog dazu muß es rechtlich uninteressant sein, ob eine Gruppe von Unternehmen, innerhalb der ohne Verträge und Beschlüsse im Sinne des § 1 GWB kein Wettbewerb mehr besteht, von außen den rauhen Wind der Konkurrenz verspürt oder nicht. Die Voraussetzung eines Mißbrauchs der Marktstellung liegt in der gemeinsamen Ausschaltung des Binnenwettbewerbs, die Frage ihrer tatsächlichen Wirksamkeit kann jedoch weder beim Kartell noch bei der solidarischen Gruppe rechtlich von Bedeutung sein[8].

Der Begriff der wettbewerbslosen oder solidarischen Gruppe ist daher präziser als der des „marktbeherrschenden Oligopols", da in „Marktbeherrschung" noch die Voraussetzung des fehlenden Außenwettbewerbs steckt. Da diese Voraussetzung jedoch für das Eingreifen der Mißbrauchsaufsicht nicht geprüft zu werden braucht, wird auch die Abgrenzung des infrage kommenden Marktes, die ohnehin oft vor unüberwindlichen Schwierigkeiten steht[9], überflüssig.

---

[7] § 1 GWB hat folgenden Wortlaut:
(1) Verträge, die Unternehmen oder Vereinigungen von Unternehmen zu einem gemeinsamen Zweck schließen, und Beschlüsse von Vereinigungen von Unternehmen sind unwirksam, soweit sie geeignet sind, die Erzeugung oder die Marktverhältnisse für den Verkehr mit Waren oder gewerblichen Leistungen durch Beschränkung des Wettbewerbs zu beeinflussen. Dies gilt nicht, soweit in diesem Gesetz etwas anders bestimmt ist.
(2) Als Beschluß einer Vereinigung von Unternehmen gilt auch der Beschluß der Mitgliederversammlung einer juristischen Person, soweit ihre Mitglieder Unternehmen sind.

[8] Vgl. S. 27 f.
[9] Vgl. S. 15 ff.

Wir haben zu Beginn dieser Arbeit[10] die Frage gestellt, ob der Ausdruck „zwei oder mehr Unternehmen" in § 22 Abs. 2 GWB, mit der zu Recht die Vorstellung von der „kleinen Zahl"[11] aufgegeben wurde, nicht durch einen anderen Begriff ersetzt werden müßte. Dieser Begriff wäre die Reaktionsverbundenheit von Unternehmen. Ohne diese Interdependenz kann eine „Menge" von Unternehmen nicht zu einer „Gruppe" aktiviert werden, deren Ziel die Durchsetzung des Leitbildes der Solidarität gegenüber dem des Wettbewerbs ist. Allein die Beseitigung des Wettbewerbs aber ist entscheidend, nicht der Zwang zu reaktiver Planung, so daß auch dieser Begriff nicht in den Gesetzestext aufgenommen zu werden braucht.

Ein weiterer Punkt des § 22 Abs. 2, mit dem wir uns befassen müssen, ist die Formulierung „aus tatsächlichen Gründen". Wir können jetzt sagen, daß dieser Begriff für die Tatbestände, die er erfassen müßte, zu eng ist. Er umschreibt lediglich die tatsächlichen Verhaltensweisen, die zu einer Beseitigung des Wettbewerbs zwischen reaktionsverbundenen Unternehmen führen können[12]. Wir haben aber gesehen, daß auch vom GWB erlaubte Vereinbarungen — z. B. die open-price systems[13], die Umsatzmeldestellen[14], die Rabattkartelle[15], die Frachtbasensysteme[16] usw. — und sonstige Marktmaßnahmen — z. B. die vertikale Preisbindung[17] — als Normen wirken, die die Gruppenordnung unterstützen. Die Formulierung eines Gesetzes müßte daher sowohl die tatsächlichen Verhaltensweisen als auch die institutionalisierten Normen bis auf die gem. § 1 GWB verbotenen Verträge und Beschlüsse einbeziehen.

Wir kommen damit zu einem Ergebnis, das durch die Auffassung des Bundeskartellamtes, der allerdings ein anderer Gedankengang zugrundeliegt, bestätigt wird. Die Kartellbehörde vertritt die Ansicht, daß eine Summierung erlaubter Wettbewerbsbeschränkungen dem Geist des GWB widerspricht, und kommt aus diesem Grunde zu einer ablehnenden Haltung gegenüber erlaubten Kartellabsprachen, wenn diese die letzten Reste von Wettbewerb beseitigen. Diese Einstellung hat z. B. in der Ablehnung des Rabattkartells der Röhrenindustrie ihren Ausdruck gefunden[18].

---

[10] Vgl. S. 15.
[11] Vgl. den Formulierungsvorschlag des Bundesrates für § 22 Abs. 2 GWB (S. 9, Anm. 2).
[12] Vgl. S. 61 ff.
[13] Vgl. S. 46 ff.
[14] Vgl. S. 47.
[15] Vgl. S. 75 ff.
[16] Vgl. S. 79 f.
[17] Vgl. S. 78 f.
[18] Vgl. S. 77 f.

Falls man die Ergebnisse der vorliegenden Arbeit als Grundlage annimmt, wäre jedoch einer solchen von der jeweiligen Marktsituation abhängigen Entscheidung über einzelne, durch das GWB erlaubte Wettbewerbsbeschränkungen die Unterstellung der Unternehmensgruppe unter die Mißbrauchsaufsicht vorzuziehen. In diesem Falle brauchte man auch nicht mit einer umstrittenen Wertung der einzelnen Wettbewerbsformen als Hauptleistungs- und Nebenleistungswettbewerb zu arbeiten[19].
Wir haben damit der Systematik des GWB

1. Verbotsgesetzgebung: Kartell (§ 1 GWB)
2. Mißbrauchsgesetzgebung: marktbeherrschende Unternehmen
    a) einzelnes marktbeherrschendes Unternehmen (§ 22 Abs. 1 GWB)
    b) gemeinsame Marktbeherrschung von zwei oder mehr Unternehmen (§ 22 Abs. 2 GWB)

folgende Gliederung gegenüberzustellen:

1. einzelnes marktbeherrschendes Unternehmen: Mißbrauchsgesetzgebung
2. zwei oder mehr Unternehmen mit fehlendem Binnenwettbewerb
    a) Kartell: Verbotsgesetzgebung
    b) solidarische Gruppe: Mißbrauchsgesetzgebung

Aufgrund der vorstehenden Überlegungen kommen wir somit zu dem Vorschlag einer Neuformulierung des § 22 Abs. 2 GWB, die sich weitgehend an den Text des § 1 GWB halten kann:

Die Kartellbehörde kann unter den Voraussetzungen des § 22 Abs. 3 GWB Unternehmen, die als Gruppe die Erzeugung oder die Marktverhältnisse für den Verkehr mit Waren oder gewerblichen Leistungen durch vollständige oder weitgehende Beseitigung des Wettbewerbs ohne die Zuhilfenahme von Verträgen oder Beschlüssen der in § 1 GWB bezeichneten Art beeinflussen, ein mißbräuchliches Verhalten untersagen und Verträge für unwirksam erklären.

Unter diese Formulierung fallen auch die Marktsituationen, in denen der Wettbewerb lediglich gegenüber bestimmten Abnehmergruppen beseitigt ist[20]. Um der Systematik willen müßte dieser Paragraph allerdings aus § 22 GWB herausgezogen werden.

Ergebnisse für die Wirtschaftspolitik

Für eine Wirtschaftspolitik, deren oberstes Leitbild der Wettbewerb darstellt, ergeben sich aus dieser Arbeit vor allem drei Hinweise. Der wichtigste besteht darin, daß Unternehmensgruppen, in denen durch bestimmte Verhaltensweisen und die Beachtung bestimmter Normen der

---

[19] Vgl. S. 30.
[20] Vgl. S. 25 f.

Wettbewerb verdrängt wird, gegenüber neu auftretenden Konkurrenten am anfälligsten sind. Die Förderung solcher „newcomers", gegebenenfalls durch Vergrößerung der Wirtschaftsbereiche, ist das wirksamste Mittel gegen eine Beseitigung des Wettbewerbs durch solidarisches Verhalten[21].

Die zweite Konsequenz, die man wirtschaftspolitisch aus der vorliegenden Untersuchung ziehen kann, ist die Gewährung eines möglichst weitgehenden Schutzes der Außenseiter von Unternehmensgruppen. Die Diffamierung des Verstoßes eines Außenseiters gegen die Gruppennormen durch die Angehörigen der Gruppe muß ein Gegengewicht in einer entsprechenden Haltung der amtlichen Stellen, der Presse und der öffentlichen Meinung bekommen. Die Stärkung der Außenseiterposition ist eine wesentliche Hilfe zur Zerstörung der Gruppendisziplin[22].

Eine dritte Forderung an die Wirtschaftspolitik muß in einer Verbesserung der Markttransparenz für den Käufer bestehen. Amtliche Stellen, Verbrauchervereinigungen, „open-price systems für Käufer" können zu einer Aufklärung über die Marktverhältnisse, die praktizierten Geschäftsbedingungen und die Eigenschaften der Produkte beitragen sowie die dem Zusammenhalt der Gruppe förderliche Unkenntnis der Nachfrager beseitigen. Eine hervorragende Markttransparenz auf seiten der Käufer ist nicht zuletzt ein Mittel, Zielkonflikte innerhalb einer Gruppe von Anbietern zu fördern und den Zusammenhalt durch ein sofortiges Reagieren auch auf kleinere Unterschiedlichkeiten des Angebots zu durchlöchern[23].

Mit diesen Ergebnissen glauben wir, nicht nur der Wirtschaftstheorie, sondern auch der Wirtschaftspolitik einen Beitrag geleistet und einer wirkungsvollen Anwendung des Gesetzes gegen Wettbewerbsbeschränkungen, allerdings über eine Änderung des § 22 Abs. 2, den Weg bereitet zu haben.

---

[21] Vgl. S. 48 ff.
[22] Vgl. S. 55 ff.
[23] Vgl. S. 58 f.

Literaturverzeichnis

I. Bücher und Aufsätze

Abbott, L.: Qualität und Wettbewerb, München-Berlin 1958.
Adams, W.: Competition, Monopoly and Countervailing Power, QJE, Vol. 67 (1953), S. 469 ff.
— The Aluminium Case: Legal Victory — Economic Defeat, AER, Vol. 41, 2 (1951), S. 915 ff.
Albert, H.: Nationalökonomie als Soziologie, Kyklos, Vol. 13 (1960), S. 1 ff.
Arant, W. D.: Competition of the Few among the Many, QJE, Vol. 70 (1956), S. 327 ff.
Arndt, H.: Konkurrenz und Monopol in Wirklichkeit, JfNSt, Bd. 161, S. 222 ff.
— Schöpferischer Wettbewerb und klassenlose Gesellschaft, Berlin 1952.
Axster, H.: Das „marktbeherrschende Unternehmen" im Entwurf eines Gesetzes gegen Wettbewerbsbeschränkungen, Köln-Berlin 1956.
— Das Oligopol im Gesetz gegen Wettbewerbsbeschränkungen, Der Betrieb 1957, S. 937 ff.
Backman, J.: Price Inflexibility and Changes in Production, AER, Vol. 29 (1939), S. 480 ff.
— Price Practices and Price Policies, New York 1953.
Bain, J. S.: A Note on Pricing in Monopoly and Oligopoly, AER, Vol. 39, 1 (1949), S. 448 ff.
— Discussion, in: Capitalism and Monopolistic Competition, AER, Vol. 40, 1 (1950), Papers and Proceedings, S. 64 ff.
— Price and Production Policies, A Survey of Contemporary Economics, S. 129 ff.
— Price Theory, New York 1952.
— Pricing, Distribution and Employment, New York 1948.
— Workable Competition in Oligopoly: Theoretical Considerations and Some Empirical Evidence, in: Capitalism and Monopolistic Competition, AER, Vol. 40, 1 (1950), Papers and Proceedings, S. 35 ff.
Bartholomeyczik, H.: Marktbeherrschende Unternehmen, in: Müller-Henneberg, H./Schwartz, G.: Kommentar zum Gesetz gegen Wettbewerbsbeschränkungen, S. 483 ff.
Baumol, W. J.: On the Theory of Oligopoly, Economica, Vol. 25 (1958), S. 187 ff.
Benisch, W.: Kartellverbot und konformes Marktverhalten, Der Betrieb 1959, S. 451 ff.
Bonner, H.: Social Psychology, New York u. a. 1953.
Borchardt, K.: „Wesentlicher Wettbewerb" im Kartellgesetz, MA 1958, S. 81 ff.
— und W. *Fikentscher:* Wettbewerb, Wettbewerbsbeschränkung, Marktbeherrschung, Stuttgart 1957.
Bormann, H. H.: Der Markenartikel — ein Stück Umwelt, Handelsblatt, Nr. 219 v. 18./19. 12. 1959.
Boulding, K.: Die neuen Leitbilder, Düsseldorf 1958.
Brauner, E.: Die Macht als Grundtatsache in der Nationalökonomie, Diplomarbeit des Staatswissenschaftlichen Seminars der Universität Köln, 1957.

Brems, H.: Some Problems of Monopolistic Competition, Diss. Copenhagen 1949.
Bresciani-Turroni, C.: Einführung in die Wirtschaftspolitik, Bern 1948.
Briefs, G. A.: Macht in der Ökonomie, Bericht über einen Vortrag, WuW 1952, S. 207.
Brugger, G.: Zur Auslegung des § 1 GWB, WuW 1959, S. 467 ff.
v. *Brunn*, J. H.: Marktbeherrschung und Marktanteil im Gesetz gegen Wettbewerbsbeschränkungen, WuW 1958, S. 407 ff.
— und F. *Giese*: Wettbewerb und Wettbewerbsbeschränkung, Frankfurt/M. 1950.
Büntig, H.: Kartellersatz durch vertikale Preisbindung, WuW 1957, S. 141 ff.
Burns, A. R.: The Decline of Competition, New York-London 1936.
— The Organization of Industry and the Theory of Prices, Readings in the Social Control of the Industry, S. 396 ff.
— The Origin and Nature of Nonprice Competition, in: Backman, J.: Price Practices and Price Policies, S. 92 ff.
Chamberlain, J.: Wer setzt die Preise fest? MA 1958, S. 86 ff.
Chamberlin, E. H.: The Product as an Economic Variable, QJE, Vol. 67 (1953), S. 1. ff.
— The Theory of Monopolistic Competition, 6th ed., Cambridge, Mass. 1950.
Chamley, P.: L'Oligopole, Paris 1944.
Clark, J. M.: Competition: Static Models and Dynamic Aspects, in: Concepts of Competition and Monopoly, AER, Vol. 45, 1 (1955), Papers and Proceedings, S. 450 ff.
— Toward a Concept of Workable Competition, Readings in the Social Control of the Industry, S. 452 ff.
Cournot, A.: Untersuchungen über die mathematischen Grundlagen der Theorie des Reichtums, Jena 1924.
Cyert, R. M.: Oligopoly Price Behavior and the Business Cycle, JPE, Vol. 63 (1955), S. 41 ff.
— und J. G. *March*: Organizational Factors in the Theory of Oligopoly, QJE, Vol. 70 (1956), S. 44 ff.
— Organizational Structure and Pricing Behavior in an Oligopolistic Market, AER, Vol. 45, 1 (1955), S. 129 ff.
Dean, J.: Pricing Policies for New Products, in: Backman, J.: Price Practices and Price Policies, S. 369 ff.
Deringer, A. und A. *Gleiß*: Patentmonopol und Wettbewerbsfreiheit, WuW 1952, S. 346 ff.
Dohm, J.: Die wirtschaftlichen Voraussetzungen der Kartellierung, Diss. Köln 1930.
Dorr, G. H.: Basic Trends in the Interpretation of the Sherman Act, in: Antitrust Law Symposium, S. 69 ff.
Eck, E.-G.: Unruhe am Zigarettenmarkt, Die Welt, Nr. 287 v. 10. 12. 1959.
Edwards, C. D.: Anti-Trust-Politik in den Vereinigten Staaten, die Aussprache 1959, S. 148 ff.
— Distinguishing Competition and Conspiracy, in: Backman, J.: Price Practices and Price Policies, S. 241 ff.
Engelmann, F.: Der Kampf gegen die Monopole in den USA, Berlin-Tübingen 1951.
Eucken, W.: Die Grundlagen der Nationalökonomie, Bad Godesberg 1941.
— Grundsätze der Wirtschaftspolitik, Hamburg 1959.
— Wettbewerb, Monopol und Unternehmer, Bad Nauheim 1953.

Fack, F. U.: Die Monopolabwehr des Kartellamtes, FAZ, Nr. 29 v. 4. 2. 1959.
Fairless, B. F.: Big Business — eine Gefahr für die USA? MA 1951, S. 449 ff.
Fellner, W.: Collusion and its Limits under Oligopoly, in: Capitalism and Monopolistic Competition, AER, Vol. 40, 1 (1950), Papers and Proceedings, S. 54 ff.
— Competition among the Few, New York 1949.
Fikentscher, W.: Die Preisunterbietung nach neuem Wettbewerbsrecht, Der Betriebs-Berater 1958, S. 201 ff.
— und K. *Borchardt:* Wettbewerb, Wettbewerbsbeschränkung, Marktbeherrschung, Stuttgart 1957.
Fischer, C. E.: Die Geschichte der deutschen Versuche zur Lösung des Kartell- und Monopol-Problems, ZfgSt., Bd. 110 (1954), S. 425 ff.
— Die Marktform des unvollständigen Wettbewerbs und ihre wirtschaftsrechtliche Behandlung, Schmollers Jahrbuch, 74. Jahrg. (1954), S. 23 ff.
Gabriel, S. L.: Gesamtumsatzrabatte unter wirtschaftlichem Aspekt, WuW 1959, S. 313 ff.
Galbraith, J. K.: American Capitalism — The Concept of Countervailing Power, London 1952.
— Monopoly and the Concentration of Economic Power, A Survey of Contemporary Economics, S. 99 ff.
Giese, F. und J. H. *v. Brunn:* Wettbewerb und Wettbewerbsbeschränkung, Frankfurt/M. 1950.
Gleiß, A.: Kartelle und Monopole, Heidelberg 1952.
und A. *Deringer:* Patentmonopol und Wettbewerbsfreiheit, WuW 1952, S. 346 ff.
Gries, G. und H. *Müller:* Kommentar zum Gesetz gegen Wettbewerbsbeschränkungen, Frankfurt/M. 1958.
Günther, E.: Einkaufsvereinigungen und Kartellgesetzentwurf, Veröffentlichung über die Jahrestagung 1956 des Zentralverbandes des Genossenschaftlichen Groß- und Außenhandels e. V., S. 4 ff.
— Zum Wettbewerbsbegriff des § 1 des Gesetzes gegen Wettbewerbsbeschränkungen, MA 1959, S. 269 ff.
Gutenberg, E.: Grundlagen der Betriebswirtschaftslehre, Bd. 2, 2. Aufl., Berlin-Göttingen-Heidelberg 1956.
Haerry, H.: Die Intensität des Wettbewerbs, Winterthur 1954.
Haller, H.: Der Erkenntniswert der Oligopoltheorien, JfNSt., Bd. 162 (1950), S. 81 ff.
Harbeson, R. W.: The Clayton Act: Sleeping Giant of Antitrust, AER, Vol. 48 (1958), S. 92 ff.
Harrod, R. F.: Doctrines of Imperfect Competition, QJE, Vol. 48 (1934), S. 442 ff.
Hartley, E. H. und R. E. *Hartley:* Die Grundlagen der Sozialpsychologie, Berlin 1955.
Heflebower, R. B.: Mass Distribution: A Phase of Bilateral Oligopoly or of Competition? AER, Vol. 47 (1957), Papers and Proceedings, S. 274 ff.
Henderson, A.: The Theory of Duopoly, QJE, Bd. 68 (1954), S. 565 ff.
Heuss, E.: Das Problem der unvollkommenen Konkurrenz in der Wettbewerbswirtschaft, Ordo, Bd. 7 (1955), S. 103 ff.
— Die amerikanische Antitrustpolitik im Lichte der Monopolbekämpfung in Europa, Ordo, Bd. 9 (1957), S. 65 ff.
Hickman, C. A. und M. H. *Kuhn:* Individuals, Groups and Economic Behavior, New York 1956.
Hicks, J. R.: Annual Survey of Economic Theory: The Theory of Monopoly, Readings in Price Theory, S. 361 ff.

Hofstätter, P. R.: Einführung in die Sozialpsychologie, Stuttgart 1959.
— Gruppendynamik, Hamburg 1957.
— Gruppendynamik, in: Psychologie, S. 154 ff.
Hurwicz, L.: The Theory of Economic Behavior, AER, Vol. 35, 2 (1945), S. 909 ff.
Joesten, J.: Öl regiert die Welt, Düsseldorf 1958.
Kahl, J.: Macht und Markt, Berlin 1956.
Kaldor, N.: Market Imperfection and Excess Capacity, Readings in Price Theory, S. 384 ff.
Kaplan, A. D. H.: Big enterprise in a Competitive System, Washington, D. C., 1954.
Katona, G.: Das Verhalten der Verbraucher und Unternehmer, Tübingen 1960.
Kaysen, C.: Business Concentration and Price Policy, National Bureau of Economic Research Volume, S. 118 ff.
Keim, W. G. und S. *Nelson:* Methods of Nonprice Competition, in: Backman, J.: Price Practices and Price Policies, S. 96 ff.
Klug, O.: Marktbeherrschende Unternehmen? WuW 1956, S. 470 ff.
— Zur Problematik des marktbeherrschenden Unternehmens, MA 1956, S. 819 ff.
Knauth, O.: Business Practices, Trade Position and Competition, New York 1956.
König, R.: Gruppe, in: Soziologie, S. 104 ff.
— Herrschaft, in: Soziologie, S. 112 ff.
Korner, E.: Laissez-Faire-Ideologie und Kartellgesetz, Monatsblätter für freiheitliche Wirtschaftspolitik 1956, S. 465 ff.
Krech, D. und R. S. *Crutchfield:* Théorie et Problèmes de Psychologie Sociale, Bd. 2, Paris 1952.
Küng, E.: Zur Lehre von den Marktformen und Marktbeziehungen, Konkurrenz und Planwirtschaft, S. 67 ff.
Kuhn, M. H. und C. A. *Hickman:* Individuals, Groups and Economic Behavior, New York 1956.
Kuhr, Th.: Die ruinöse Konkurrenz, Berlin 1938.
Langen, E.: Kommentar zum Kartellgesetz, 3. Aufl., Neuwied a. Rh.-Berlin-Spandau-Darmstadt 1958.
Lanzillotti, R. F.: Multiple Products and Oligopoly Strategy: A Development of Chamberlin's Theory of Products, QJE, Bd. 68 (1954), S. 461 ff.
Lehmann, G.: Marktformenlehre und Monopolpolitik, Berlin 1956.
Lehnich, O.: Die Wettbewerbsbeschränkung, Köln-Berlin 1956.
Lepsius, R. M.: Industrie und Betrieb, in: Soziologie, S. 122 ff.
Liefmann, R.: Kartelle, Konzerne und Trusts, 8. umgearb. u. erw. Aufl., Stuttgart 1930.
Lisowski, A.: Über den Monopolcharakter des Markenartikels, MA 1951, S. 209 ff.
Lutz, F. A.: Bemerkungen zum Monopolproblem, Ordo, Bd. 8 (1956), S. 19 ff.
Lutz, H.: Markenartikel als Schrittmacher der Konsumgüterindustrie, MA 1952, S. 310 f.
Machlup, F.: Competition, Pliopoly and Profit, Economica, New Series, Vol. 9 (1942), Part I: S. 1 ff.; Part II: S. 153 ff.
— Evaluation of the Practical Significance of the Theory of Monopolistic Competition, AER, Vol. 29 (1939), S. 227 ff.
— Oligopolistic Indeterminacy, Weltw. Archiv, Bd. 68 (1952), S. 1 ff.
— The Basing-point System, Philadelphia-Toronto 1949.
— The Characteristics and Classifications of Oligopoly, Kyklos, Vol. 5 (1951/52), S. 145 ff.

Machlup, F.: The Political Economy of Monopoly, Baltimore 1952.
— The Economics of Sellers' Competition, Baltimore 1952.
Mahr, A.: Zur Systematik der Marktformen, Wirtschaftliche Entwicklung und Soziale Ordnung, S. 279 ff.
Marbach, F.: Die „Kartellinitiative" in wettbewerbspolitischer Sicht, Bern 1955.
March, J. G. und R. M. *Cyert:* Organizational Factors in the Theory of Oligopoly, QJE, Vol. 70 (1956), S. 44 ff.
— Organizational Structure and Pricing Behavior in an Oligopolistic Market, AER, Vol. 45, 1 (1955), S. 129 ff.
Marengo, L.: The Basing Point Decisions and the Steel Industry, in: The Impact of Antitrust Laws, AER, Vol. 45, 1 (1955), Papers and Proceedings, S. 509 ff.
Markham, J. W.: An Alternative Approach to the Concept of Workable Competion, AER, Vol. 40, 2 (1950), S. 349 ff.
— Anti-Trust-Recht und Wirtschaft, die Aussprache 1959, S. 153 ff.
— The Nature and Significance of Price Leadership, AER, Vol. 41, 2 (1951), S. 891 ff.
Marshall, A.: Principles of Economics, 8th ed., London 1952.
Mason, E. S.: Price and Production Policies of Large-Scale Enterprise, in: Backman, J.: Price Practices and Price Policies, S. 342 ff.
— Wasteful vs. Useful Nonprice Competition, in: Backman, J.: Price Practices and Price Policies, S. 115 ff.
Mayer, L.: Kartelle, Kartellorganisation und Kartellpolitik, Wiesbaden 1959.
McKie, J. W.: The Decline of Monopoly in the Metal Container Industry, in: The Impact of Antitrust Laws, AER, Vol. 45, 1 (1955), Papers and Proceedings, S. 499 ff.
Mellerowicz, K.: Markenartikel — die ökonomischen Gesetze ihrer Preisbildung und Preisbindung, München—Berlin 1955.
Menze, H.: Open Price System und das Gesetz gegen Wettbewerbsbeschränkungen, WuW 1958, S. 98 ff.
— Wirklichkeitsfremde Wettbewerbstheorien, Monatsblätter für freiheitliche Wirtschaftspolitik 1957, S. 25 ff.
Mestmäcker, E.-J.: Das marktbeherrschende Unternehmen im Recht der Wettbewerbsbeschränkungen, Tübingen 1959.
— Der Bericht der englischen Monopolkommission, Ordo, Bd. 8 (1956), S. 265 ff.
— Diskriminierungen, Dirigismus und Wettbewerb, I. Teil, WuW 1957, S. 21 ff.
Metzger, K.: Marktformen und Marktkonstellationen des deutschen Eisenhandels, Diss. Köln, 1956.
Metzner, M.: Der Wettbewerb in Beschränkung oder Verschärfung? Schmollers Jahrbuch 1956, S. 449 ff.
— Kostengestaltung, Preisbildung und Marktprobleme, Bd. 2, Berlin 1954.
Meyer, F. W.: Elastizitäts-Pessimismus, FAZ, Nr. 94 v. 23. 4. 1959.
Miller, J. P.: Measures of Monopoly Power and Concentration: Their Economic Significance, in: Business Concentration and Price Policy, S. 119 ff.
Miksch, L.: Wettbewerb als Aufgabe, 2. erw. Aufl., Godesberg 1947.
Mickwitz, G.: The Means of Competition at Various Stages of Production and Distribution, Kyklos, Vol. 11 (1958), S. 509 ff.
Modigliani, F.: New Developments on the Oligopoly Front, JPE, Vol. 66 (1958), S. 215 ff.
Möhring, Ph.: Marktbeherrschende Unternehmen im gewerblichen Rechtsschutz, MA 1952, S. 379 ff.
Mortsiefer, F.: Die Vereinheitlichung in der Drahtindustrie, Diss. Köln, 1958.

Müller, H. und G. *Gries:* Kommentar zum Gesetz gegen Wettbewerbsbeschränkungen, Frankfurt/M. 1958.
Müller-Beilschmidt, K.: „Wesentlicher Wettbewerb" im Kartellgesetz, MA 1958, S. 6 ff.
— Wettbewerb, Wettbewerbsbeschränkung, Marktbeherrschung, MA 1958, S. 657 ff.
Müller-Henneberg, H.: Unwirksamkeit von Kartellverträgen und Kartellbeschlüssen, in: derselbe/Schwartz, G.: Kommentar zum Gesetz gegen Wettbewerbsbeschränkungen, S. 146 ff.
Mueller, W. F. und G. W. *Stocking:* The Cellophane Case and the New Competition, AER, Vol. 45, 1 (1955), S. 29 ff.
Mund, V. A.: Prices under Competition and Monopoly: Some Concrete Examples, QJE, Vol. 48 (1934), S. 288 ff.
Munthe, P.: Freedom of Entry into Industry and Trade, Project Nr. 259, EPA of the OEEC, Paris 1958.
Muthesius, V.: Größe ist kein Verbrechen, Monatsblätter für freiheitliche Wirtschaftspolitik 1958, S. 323 ff.
Nelson, S. und W. G. *Keim:* Methods of Nonprice Competition, in: Backman, J.: Price Practices and Price Policies, S. 96 ff.
Neumeyer, F.: Monopolkontrolle in USA, Berlin 1953.
Newcomb, Th. M.: Sozialpsychologie, Meisenheim am Glan 1959.
Nichol, A. J.: Professor Chamberlin's Theory of Limited Competition. Review, QJE, Vol. 48 (1934), S. 317 ff.
Nutter, G. W.: Monopoly, Bigness and Progress, JPE, Vol. 64 (1956), S. 520 ff.
Ohm, H.: Oligopolistische Preisführerschaft und Kartellgesetz, WuW 1955, S. 20 ff.
Ott, A. E.: Marktform und Verhaltensweise, Stuttgart 1959.
— Zur dynamischen Theorie der Marktformen, JfNSt, Bd. 167 (1955), S. 1 ff.
Ottel, F.: Zweierlei Monopole, WuW 1952, S. 889 ff.
Peiner, W.: Für und wider die Preisbindung, Der Volkswirt 1958, S. 1959 ff.
Peters, H.: Großunternehmen in England, WuW 1956, S. 550 ff.
*Peterso*n, S.: Antitrust and the Classic Model, AER, Vol. 47 (1957), S. 60 ff.
Petrick, J.: Marktbeherrschende Unternehmen, WuW 1952, S. 241 ff.
Pritzkoleit, K.: Männer, Mächte, Monopole, erw. Neuaufl., Düsseldorf 1957.
Ramms, H.-W.: Wettbewerb und Preisbildung bei Nichteisen-Metallen, Diss. Köln, 1959.
Rasch, H.: Besprechung von Müller-Henneberg/Schwartz, Kommentar zum Gesetz gegen Wettbewerbsbeschränkungen, WuW 1959, S. 56.
— Der Begriff des Oligopols im Kartellgesetzentwurf, WuW 1956, S. 3 ff.
— Probleme um „marktbeherrschende Unternehmen", MA 1952, S. 533 ff.
— Wettbewerbsbeschränkungen, Kommentar, Herne-Berlin 1957.
Rauschenbach, G.: Kurzbericht über den Inhalt des Gesetzes gegen Wettbewerbsbeschränkungen (GWB), Kartell- und Preisdienst, Juli 1958, S. 3.
Recktenwald, H. C.: Zur Lehre von den Marktformen, Weltw. Archiv, Bd. 67 (1951), S. 298 ff.
Reuter, A.: Konditionen- und Rabattkartelle bei fehlendem Hauptleistungswettbewerb, die Aussprache 1959, S. 321 ff.
Richter, R.: Das Konkurrenzproblem im Oligopol, Berlin 1954.
Risse, R.: Harte Preiskrusten, Beilage zu „Der Volkswirt", Nr. 51/52, 1958, S. 67 ff.
Ritschl, H.: Voraussetzungen wirksamer Monopole, zitiert in: MA 1954, S. 733.
Rittner, F.: Beschränkung des Kundenkreises, MA 1958, S. 197 ff.

Robinson, E. A. G.: Monopoly, London-Cambridge 1952.
— The Structure of Competitive Industry, rev. ed., London-Cambridge 1953.
Robinson, J.: The Economics of Imperfect Competition, London 1933.
— What is Perfect Competition? QJE, Bd. 49 (1935), S. 104 ff.
Röper, B.: Ansätze zu einer wirklichkeitsnahen und dynamischen Theorie der Monopole und Oligopole, Weltw. Archiv, Bd. 67 (1951), S. 218 ff.
— Die Konkurrenz und ihre Fehlentwicklungen, Berlin 1952.
— Die vertikale Preisbindung ist kein Kartellersatz, WuW 1957, S. 293 ff.
— Probleme der Monopolkontrolle, Finanzarchiv, N. F., Bd. 12 (1950/51), S. 316 ff.
Röpke, W.: Aufgaben und Funktion der Werbung in der Wettbewerbswirtschaft, in: Werbung — eine Unternehmeraufgabe, S. 34 ff.
— Die Lehre von der Wirtschaft, 7. veränd. u. verm. Aufl., Erlenbach—Zürich—Stuttgart 1954.
Rothschild, K. W.: Price Theory and Oligopoly, Readings in Price Theory, S. 440 ff.
Scherhorn, G.: Bedürfnis und Bedarf, Berlin 1959.
Schmalenbach, E.: Der freien Wirtschaft zum Gedächtnis, 2. Aufl., Köln—Opladen 1949.
Schmölders, G.: Hypothese und Wirklichkeit des Käuferverhaltens, Schweizer Monatshefte 1958, S. 672 ff.
— Ökonomische Verhaltensforschung, Arbeitsgemeinschaft für Forschung des Landes Nordrhein-Westfalen, Heft 71, S. 39 ff.
— Ökonomische Verhaltensforschung, Ordo, Bd. 5 (1953), S. 203 ff.
Schneider, E.: Einführung in die Wirtschaftstheorie, Bd. 2, 2. Aufl., Tübingen 1953.
Schumpeter, J. A.: Kapitalismus, Sozialismus und Demokratie, Bern 1946.
Schwartz, G.: Kontrahierungszwang für preisbindende Markenartikelhersteller? MA 1958, S. 51 ff.
Schwenk, E. H.: Der Marktbegriff, WuW 1960, S. 3 ff.
— Der Wandel der Antitrust-Rechtsprechung in den Vereinigten Staaten, WuW 1953, S. 515 ff.
— Die Rule of Reason und die „per se"-Regel im amerikanischen Antitrustrecht, WuW 1957, S. 339 ff.
Scitovsky, T.: Ignorance as a Source of Oligopoly Power, in: Capitalism and Monopolistic Competition, AER, Vol. 40, 1 (1950), Papers and Proceedings, S. 48 ff.
Sels, L.: Wettbewerbsprobleme in der deutschen Seifen- und Waschmittelindustrie, Diss. Köln, 1959.
Selve, H. E.: Strukturwandlungen in der westdeutschen Maschinenindustrie in der Nachkriegszeit, Diss. Köln, 1957.
Seraphim, H.-J.: Theorie der allgemeinen Volkswirtschaftspolitik, Göttingen 1955.
Shubik, M.: Market Form, Intent of the Firm and Market Behavior, ZfN, Bd. 17 (1957), S. 186 ff.
Sölter, A.: Das Rabattkartell, Düsseldorf 1955.
— Preislisten — ein unerläßliches Instrument, Handelsblatt, Nr 109 v. 17. 9. 1958.
— Streitfragen zwischen Industrie und Kartellamt, Handelsblatt, Nr. 59 v. 1./2. 5. 1959.
Speer, W. E.: Das sogenannte Meinungsmonopol im Lichte der ökonomischen Verhaltensforschung, Diss. Köln, 1957.

Springsfeld, H.: Das Oligopolproblem in der neueren Wirtschaftstheorie, Diss. Köln, 1955.
v. Stackelberg, H.: Grundlagen der theoretischen Volkswirtschaftslehre, 2. Aufl., Bern—Tübingen 1951.
Stauss, J. H.: Discussion, in: The Impact of Antitrust Laws, AER, Vol. 45,1 (1955), Papers and Proceedings, S. 528 ff.
Steinbrück, K.: Vom unvollkommenen Markt zur heterogenen Konkurrenz, Hannover 1951.
Stigler, G. J.: Monopoly and Oligopoly by Merger, in: Capitalism and Monopolistic Competition, AER, Vol. 40, 1 (1950), Papers and Proceedings, S. 23 ff.
— The Kinky Oligopoly Demand Curve and Rigid Prices, Readings in Price Theory, S. 410 ff.
— The Theory of Price, 7. rev. ed., New York 1959.
Stitz, H.: Die Voraussetzungen der Monopolbildung in der Schwer- und Fertigwarenindustrie bis zum Jahre 1933, Diss. Köln, 1936.
Stocking, G. W. und W. F. *Mueller:* The Cellophane Case and the New Competition, AER, Vol. 45, 1 (1955), S. 29 ff.
Stoetzner, E. W.: Wettbewerb und Werbung in den Vereinigten Staaten, MA 1956, S. 745 ff.
Streeten, P.: The Theory of Pricing, JfNSt., Bd. 161 (1949), S. 161 ff.
Summerer, L.: Lauterkeit des Wettbewerbs und Preisdiskriminierung in der Marktwirtschaft, WuW 1958, S. 30 ff.
Sweerts-Sporck, P.: Offenes Wort zum Kartellbericht, Der Volkswirt 1959, S. 807.
Sweezy, P. M.: Demand under Conditions of Oligopoly, Readings in Price Theory, S. 404 ff.
Swensrud, S. A.: Gasoline Price Leadership, in: Backman, J.: Price Practices and Price Policies, S. 349 ff.
Triffin, R.: Monopolistic Competition and General Equilibrium Theory, Cambridge 1949.
Vatter, H. G.: Small Enterprise and Oligopoly, Corvallis, Oregon 1955.
Vershofen, W.: Wettbewerb als System der Gegenkräfte, veröffentlicht vom Bundesverband der Deutschen Industrie, Ausschuß für Wettbewerbsordnung, Drs. Nr. 32, 1955.
Villard, H. H.: Competition, Oligopoly and Research, JPE, Vol. 66 (1958), S. 215 ff.
Vito, F.: Wettbewerb, Monopole und ihre Regulierung unter besonderer Berücksichtigung der Wirtschaftsstruktur Italiens, WuW 1952, S. 307 ff.
Vonesch, K.: Die heterogene Konkurrenz als typische Form des Markenartikels, MA 1959, S. 232 ff.
— Neue Perspektiven in der Verkaufsförderung, MA 1959, S. 648 ff.
Wagner, K.: Die Diskussion über ein Gesetz gegen Wettbewerbsbeschränkungen in Westdeutschland nach 1945, Zürich 1956.
Weintraub, S.: Price Theory, New York-London 1949.
Wessels, Th.: Einführung in die Volkswirtschaftslehre, Handbuch der Wirtschaftswissenschaften, Bd. II, S. 937 ff.
— Unternehmungszusammenschlüsse, (II) Wirtschaftliche Problematik, Handwörterbuch der Sozialwissenschaften, Bd. 10, S. 552 ff.
Wilcox, C.: Price Leadership, in: Backman, J.: Price Practices and Price Policies, S. 348.
Wilhelm, H.: Werbung und Wettbewerb, MA 1959, S. 622 ff.
Würdinger, H.: Räumlicher Geltungsbereich des Gesetzes gegen Wettbewerbsbeschränkungen, WuW 1956, S. 775 ff.

Zimmerman, L. J.: Versuch einer Theorie der Dynamik der Marktformen, Sonderschrift des Ifo-Instituts für Wirtschaftsforschung, Nr. 11, München 1951.

II. Zeitungen, Zeitschriften und sonstige Veröffentlichungen

American Economic Review, Evanston, Ill.
Antitrust Law Symposium, An Authoritative Discussion of the Basic Trends and the Delivered Price Problem by the Section on Antitrust Law of the New York State Bar Association, January, 26th 1949.
Arbeitsgemeinschaft für Forschung des Landes Nordrhein-Westfalen, Köln-Opladen.
A Survey of Contemporary Economics, 2. Aufl., Philadelphia-Toronto 1949.
Backman, J.: Price Practices and Price Policies, New York 1953.
Bericht des Bundeskartellamtes über seine Tätigkeit im Jahre 1958 sowie über Lage und Entwicklung auf seinem Aufgabengebiet, Deutscher Bundestag, 3. Wahlperiode, Drs. 1000.
Bericht von Min. Rat Dr. Günther (Bundeswirtschaftsministerium) über die Ergebnisse der bisherigen parlamentarischen Behandlung des Entwurfs eines Gesetzes gegen Wettbewerbsbeschränkungen, Drs. 1158, Anlage zum Protokoll Nr. 125.
Blick durch die Wirtschaft, Frankfurt/M.
Business Concentration and Price Policy, Princeton 1955.
Der Betrieb, Düsseldorf.
Der Betriebs-Berater, Heidelberg.
Der Markenartikel, München.
Der Volkswirt, Frankfurt/M.
die absatzwirtschaft, zeitschrift für verkauf, vertrieb, marketing, Düsseldorf.
die Aussprache, Bonn a. Rh.
Die Welt, Essen.
Economica, London.
Einzelhandelsnachrichten, Düsseldorf.
Finanzarchiv, Tübingen.
Frankfurter Allgemeine Zeitung, Frankfurt/M.
Handbuch der Wirtschaftswissenschaften, Köln-Opladen.
Handelsblatt, Düsseldorf.
Handwörterbuch der Sozialwissenschaften, Stutgart—Tübingen—Göttingen 1959.
Hannoversche Allgemeine Zeitung, Hannover.
Industriekurier, Düsseldorf.
Jahrbücher für Nationalökonomie und Statistik, Stuttgart.
Kartell- und Preisdienst, Berlin.
Konkurrenz und Planwirtschaft, Bern 1946.
Kyklos, Internationale Zeitschrift für Sozialwissenschaften, Bern.
Monatsblätter für freiheitliche Wirtschaftspolitik, Frankfurt/M.

Müller-Henneberg, H. und G. Schwartz: Kommentar zum Gesetz gegen Wettbewerbsbeschränkungen, Köln-Berlin 1958.
Nachrichten aus Wirtschaft und Politik, Bonn.
National Bureau of Economic Research Volume, Princeton 1955.
Ordo. Jahrbuch für die Ordnung von Wirtschaft und Gesellschaft, Düsseldorf-München.
Psychologie, Reihe: Das Fischer Lexikon, Frankfurt/M. 1957.
Readings in Price Theory, Blakiston Series of Republished Articles on Economics, Vol. 6, London 1953.
Readings in the Social Control of the Industry, Blakiston Series of Republished Articles on Economics, Vol. 1, Philadelphia-Toronto 1947.
Schmollers Jahrbuch für Gesetzgebung, Verwaltung und Volkswirtschaft, Berlin.
Schriftlicher Bericht des Ausschusses für Wirtschaftspolitik (21. Ausschuß) über den Entwurf eines Gesetzes gegen Wettbewerbsbeschränkungen, Deutscher Bundestag, 2. Wahlperiode, Drs. 3644.
Schweizer Monatshefte, Zürich.
Soziologie, Reihe: Das Fischer Lexikon, Frankfurt/M. 1958.
The Journal of Political Economy, Chicago, Ill.
The Quarterly Journal of Economics, Cambridge, Mass.
Übermäßige Konzentration — ihre Gefahren und Möglichkeiten der Eindämmung, Denkschrift der Arbeitsgemeinschaft Selbständiger Unternehmer e. V., Bonn 1959.
Weltwirtschaftliches Archiv, Hamburg.
Werbung — eine Unternehmeraufgabe, Bad Godesberg 1958.
Wettbewerb in Recht und Praxis, Frankfurt/M.
Wirtschaft und Wettbewerb, Düsseldorf.
Wirtschaftliche Entwicklung und soziale Ordnung, Wien 1952.
Zeitschrift für die gesamte Staatswissenschaft, Tübingen.
Zeitschrift für Nationalökonomie, Wien.

Beiträge zur Verhaltensforschung

Herausgegeben von Prof. Dr. G. Schmölders, Köln

Der Ausdruck Verhaltensforschung bezeichnet eine in vielen Wissenschaften, angefangen von der Tierpsychologie über die Psychologie bis zur Soziologie und Sozialpsychologie, angewandte empirische Methode. Für die Sozialwissenschaften ist Verhaltensforschung ein Weg zur Erfahrungswissenschaft, wie ihn die Naturwissenschaften schon vor hundert Jahren beschritten haben.

Während man in der Soziologie meist von „empirischer Sozialforschung" spricht, erweist sich für die Sozialökonomik die Bezeichnung „Verhaltensforschung" als sinnvoller, weil sie deutlich macht, daß die ökonomischen Prozesse nicht als exogen determinierte Mechanismen, sondern als Ergebnisse menschlicher Handlungen betrachtet werden müssen. Diese Handlungen sind weitgehend durch das Wirken von Gewohnheiten, Institutionen und sozialen Werten und Normen kanalisiert und stabilisiert; Gegenstand der sozialökonomischen Verhaltensforschung sind daher nicht nur die wirtschaftlich relevanten Verhaltensweisen und Einstellungen selbst, sondern alle sie beeinflussenden Faktoren, nicht nur die verhaltensbestimmende Situation, sondern auch die verhaltenserklärende Motivation.

Als sozialökonomische Beiträge zur Verhaltensforschung werden in der Schriftenreihe empirische Forschungen auf den Gebieten des Verhaltens zum Geld, des Sparens und Konsumierens, des Unternehmerverhaltens und der wirtschafts- und finanzpolitischen Willensbildung sowie der Einstellung zum Staat vorgelegt, daneben auch begriffliche und methodologische Untersuchungen zur empirischen Forschung; Hauptaufgabe der Schriftenreihe ist es, über die Darlegung von Einzelergebnissen hinaus zur Bildung allgemeiner Theorien auf empirischer Grundlage beizutragen.

Printed by Libri Plureos GmbH
in Hamburg, Germany